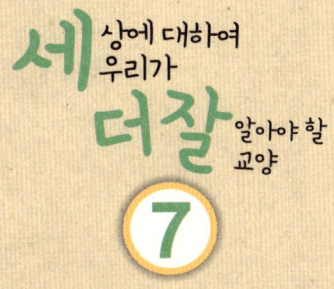

세상에 대하여
우리가
더잘 알아야 할
교양

7

지은이 ┃ 옮긴이 소개

지은이 이완 맥레쉬(Ewan McLeish)

작가이자 일러스트레이터입니다. 전 환경교육위원회 디렉터였으며 현재 교육 관련 강연과 저술 활동을 활발하게 하고 있습니다. 과학과 환경에 관한 책을 20권 이상 썼고, 쓴 책으로는 《Spread of Deserts》《Earthquakes》《Rain forests》《The Pros and Cons of Nuclear Power》등이 있습니다.

옮긴이 박미용

서울대학교 물리교육과를 졸업하고 같은 학교 대학원에서 석사 학위를 받았습니다. 과학동아 기자로 활동했고, 현재 사이언스타임즈의 객원기자로 활동 중입니다. 오랫동안 과학전문 기자로 일하면서 쌓아 온 경험과 지식을 바탕으로 어린이와 일반인 들에게 과학을 알기 쉽게 전하는 데에 관심이 많습니다. 저서로는 《북극과 남극》 등이 있습니다.

세 상에 대하여 우리가

더잘 알아야 할 교양

이완 맥레쉬 글 | 박미용 옮김

7

에너지 위기

어디까지 왔나?

내인생의책

내인생의책은 한 권의 책을 만들 때마다
우리 아이들이 나중에 자라 이 책이 '내 인생의 책'이라고 말할 수 있는 책을 만들고자 합니다.

세상에 대하여 우리가 더 잘 알아야 할 교양

⑦ 에너지 위기 어디까지 왔나? (원제: Energy crisis)

이완 맥레쉬 글 | 박미용 옮김

초판 발행일 2012년 3월 9일 | 제2쇄 발행일 2013년 5월 6일
펴낸이 조기룡· | 펴낸곳 내인생의책 | 등록번호 제10-2315호
주소 서울시 마포구 망원동 385-39 3층 (우)121-821
전화 (02)335-0449, 335-0445(편집) | 팩스 (02)6499-1165
전자우편 bookinmylife@naver.com | 카페 http://cafe.naver.com/thebookinmylife
책임편집 박소란 | 편집 김지연 신유진 손유진 유정진 오혜림 | 마케팅 신 현 | 디자인 이선영

ISBN 978-89-91813-59-5 44300
ISBN 978-89-91813-46-5 44300(세트)

Energy Crisis

책값은 뒤표지에 있습니다.
잘못된 책은 구입처에서 바꾸어 드립니다.

이 도서의 국립중앙도서관 출판시도서목록(CIP)은 e-CIP 홈페이지(http://www.nl.go.kr/ecip)에서 이용하실 수
있습니다. (CIP제어번호: CIP2012000771)

책은 나무를 베어 만든 종이로 만듭니다.
그래서 원고는 나무의 생명과 맞바꿀 만한 가치가 있어야 합니다.
그림책이든 문학, 비문학이든 원고 형식은 가리지 않습니다.
여러분의 소중한 원고를 bookinmylife@naver.com으로 보내주시면
정성을 다해 좋은 책으로 만들겠습니다.

차례

※ **굵은 글씨**로 표시된 단어는 109쪽 용어설명에서 찾아보세요.

여러분은 할아버지 할머니가 들려주시는 옛날 가난했던 시절의 이야기를 들어 본 적이 있나요? 그때는 추운 겨울날, 온 가족들이 두꺼운 내복을 입고 한 방에 모여 있어도 입김이 나올 정도로 추웠다고 얘기해 주지 않으셨나요? 하지만 여러분은 어떻게 생활하나요? 바깥은 꽁꽁 얼어붙어 있어도 집 안에서는 가벼운 옷차림으로 지낼 만큼 따뜻하게 살고 있지 않나요? 앞으로 여러분이 엄마 아빠가 되거나 할아버지 할머니가 되었을 때도 이렇게 에너지를 펑펑 쓸 수 있을까요?

아마 여러분도 연일 들려오는 에너지 관련 소식들을 접해 보았을 겁니다. 하루가 다르게 기름값이며 전기 요금, 가스비가 치솟고 있다는, 에너지 위기가 곧 닥쳐올 거라는 소식 말이죠. 왜 이런 일이 벌어지는 걸까요? 여러분은 그 답을 알고 있을 겁니다. 그동안 너무 펑펑 써대는 바람에 우리가 사용할 수 있는 에너지원이 점점 사라지고 있다는 것을요. 또 자동차를 굴리고 전기를 생산하기 위해 그동안 사용한 석유며 석탄, 천연가스인 화석 연료가 고갈되어 가고 있다고요.

그러나 진짜 에너지 위기는 이것만이 아닙니다. 이 책은 진짜 에너지 위기가 무엇인지를 얘기합니다. 그건 바로 기후 변화이지요. 태풍의 강도가 전에 없이 세지고 자주 나타나며 기온이 점점 오르는 기후 변화 말입니다. 어떻게 기후 변화가 에너지 위기와 연관된 걸까요? 그건 바로 마구 태웠던 화석 연료로부터 나온 온실가스가 기후를 급격하게 변화시키기 때문이지요. 그러니 기후 변화는 바로 에너지 위기의 문제인 것입니다.

그렇다면 어떻게 진짜 에너지 위기를 해결할 수 있을까요? 이 책은 우리 인류의 손에 그 해결법이 달려 있다는 것을 잘 보여 줍니다. 여러분은 이 책을 통해 진짜 에너지 위기를 어떻게 풀어가야 할지 살펴볼 수 있습니다. 일상생활에서 어떻게 에너지를 절약할 수 있는지 그리고 온실가스를 배출하지 않는 미래의 에너지는 어떤 것들이 있으며 이와 관련된 세계적인 현황은 어떤지 자세하게 담고 있으니까요. 또한 에너지 위기와 기후 변화 문제를 해결하기 위한 국제적인 노력도 함께 이야기합니다.

여러분은 엄마 아빠가 되었을 때 그리고 할머니 할아버지가 되었을 때 어떤 옛날 이야기를 들려주고 싶은가요? 우리가 에너지 위기를 극복하지 못한다면 우리의 후손들은 추위에 덜덜 떨며 겨울을 나야 할지도 모릅니다. 그런 상황에서 우리는 에너지를 낭비하며 뜨뜻한 겨울을 났다고 얘기해 줄 건가요? 앞으로 인류가 에너지 위기를 극복할 수 있을지는 미래를 이끌어 갈 여러분의 손에 달려 있습니다. 이 책을 통해 여러분이 에너지 위기에 대한 문제의식을 갖고 이를 해결하고자 하는 마음을 다잡았으면 하는 바람입니다.

박미용(과학저술가)

머리글

2003년 8월, 최악의 정전 대란이 북아메리카 동부 지역을 강타했습니다. 이 정전 대란은 오후 4시경에 갑자기 발생했어요. 이로 인해 미국 뉴욕부터 캐나다 토론토에 이르는 지역 거주자 약 5천만 명이 피해를 보았습니다. 사람들이 엘리베이터와 지하철에 갇혔고, 컴퓨터 네트워크도 마비되었어요. 해질녘이 되면서 뉴욕 경찰은 약탈과 강도를 예방하기 위해 경계 태세에 들어갔습니다. 무엇 때문에 이런 문제가 발생한 걸까요?

고작 3분 만에 21개의 발전소가 가동을 중단하여 5천만 명의 사람들이 정전을 겪었다.

복잡한 이유

이 정전 대란은 여러 상황이 복합적으로 얽혀 일어난 것입니다. 당시 무더운 날씨 때문에 곳곳에서 에어컨을 틀어 전기 소비량이 급격히 늘어났어요. 게다가 엔지니어들이 에너지 공급을 통제하는 컴퓨터 소프트웨어를 다루다가 실수를 저질렀습니다. 이로 인해 전력선이 마비되었고, 전압이 요동을 치면서 더 많은 전력선이 차단되었습니다. 얼마 지나지 않아 전력망은 통제 불능 상태에 빠지고 말았어요. 결국 캐나다 온타리오 주, 미국 뉴욕 주를 비롯한 7개 주의 전력 공급이 끊겼습니다.

에너지 대란?

이런 일이 일어난 것은 이번 한 번만이 아니랍니다. 그해 유럽의 스웨덴, 덴마크, 이탈리아 그리고 영국에서도 대규모 정전 사태가 벌어졌어요. 중국도 전력이 부족해 31개의 성과 자치구 가운데 23개 지역에서 전력을 제한적으로 공급했습니다. 공장들은 최대 전력 사용 시간을 피해 밤과 주말에 기계를 가동했어요. 전 세계 전력 공급에 이상이 생기기라도 한 걸까요?

폭풍 경고

2004년 9월, 허리케인 지니가 미국 플로리다 주 해변을 덮쳤습니다. 이곳은 허리케인이 자주 발생하는 지역입니다. 하지만 한 해에 허리케인이 네 번 찾아온 것은 그때가 처음이었지요. 지니는 그해 네 번째로 플로리다 주를 지나갔던 허리케인으로, 고작 20일 전에 발생한 허리케인보다 훨씬 강력했어요. 이로 인해 이미 피해가 난 지붕을 덮어놓았던 방수천이 날아가 버렸고, 남아 있던 지붕조차 찢겨 나갔어요. 게다가 허리케인 지니는 플로리다 주에 다다르기 전, 아이티 섬을 휩쓸고 갔어요. 가난에 찌든 아이티 섬에 막대한 비를 퍼부어 홍수를 일으켰고, 1천여 명의 사망자를 냈습니다. 요즘 곳곳에서 심상치 않은 기상 이변들이 발생하고 있어요.

에너지 대란과 허리케인은 관련이 있을까요?

현재 우리는 에너지, 특히 **화석 연료**를 아주 빠른 속도로 소비하고 있어요. 이대로 가다가는 조만간 에너지가 고갈될지도 모릅니다. 에너지 공급 위기에 직면할 수도 있다는 것이지요.

여러분도 잘 알고 있는 것처럼 에너지 소비는 환경과 긴밀한 관련이 있습니다. 화석 연료를 태우면 환경에 안 좋은 물질들이 발생하지요.

2004년 여름, 강력한 허리케인이 네 차례나 미국 플로리다 주를 강타했다. 그해 여름은 플로리다 주 역사상 허리케인 피해가 가장 심했다.

화석 연료로 인해 발생하는 '**지구 온난화**'와 '기후 변화'란 말은 이미 우리에게 아주 익숙합니다. 오늘날 사람들은 지구에 엄청난 기후 변화가 일어나고 있다는 사실을 잘 알고 있어요. 이 변화는 환경의 위기인 동시에 에너지의 위기입니다.

위기, 무슨 위기?

그런데 대체 무엇 때문에 위기라고 하는 걸까요? 크게 두 가지 이유를 꼽을 수 있습니다. 우선 우리가 사용할 수 있는 화석 연료가 얼마나 남아 있는지 알지 못한다는 것입니다. 앞으로 연료를 얻기가 얼마나 힘들지, 화석 연료가 고갈된다면 어떤 에너지로 대체할 수 있을지 우리는 아직 예측할 수 없어요. 또 다른 이유는, 계속해서 화석 연료를 사용하면 환경이 얼마나 나빠질지 모른다는 것입니다.

그러나 두 가지 문제 중 하나를 해결한다면, 다른 하나는 의외로 쉽게 풀릴 수도 있답니다. 세상의 많은 일들이 종종 서로 관련이 있고, 이 문제들 역시 그럴 수 있으니까요.

이제부터 우리는 에너지 위기의 두 가지 쟁점에 대해 자세히 알아볼 것입니다. 미래에 에너지 소비량을 어떻게 충당할 수 있을지 그리고 환경에 재앙을 불러오지 않고 어떻게 에너지를 소비할지에 대해서 말입니다.

CHAPTER 1
에너지의 혜택을 누리는 사람은 누구일까

2004년, 영국에서는 에너지 위기가 닥쳤을 때 어떤 일이 벌어 지는지 가상으로 보여 주는 텔레비전 프로그램을 방영하였습니다. 이 프로그램에서는 대규모 정전 사태가 일어났을 때 나라 전체가 어떤 혼란에 빠지는지 보여 주었어요. 자동차, 지하철과 같은 운송 수단들이 멈춰 섰고, 산업은 마비되었으며, 정부는 파국 직전으로 내몰렸지요. 이 프로그램 속 상황은 현실적으로 일어날 법한 것일까요, 아니면 교양 프로그램에서나 가능한 가상이었 을까요? 전문가들조차 이 문제에 대해 어느 한 쪽으로 결론을 내리지 못합니다. 전문가가 아니라고 해서 이러한 에너지 문제가 우리와 무관한 것은 아닙니다.

선진국에서는 집에 불을 밝히고 난방을 하며, 자 동차를 굴리고 공장을 돌리기 위해 막대한 양의 에너지를 소비한다.

우리 모두는 에너지를 사용하고 있으니까요.

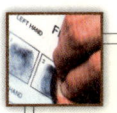

두 아이 이야기

노르웨이의 얀 : 얀은 노르웨이의 수도 오슬로에서 나무와 돌로 지은 큰 집에 산다. 열네 살인 이 소년은 라디오 알람에 맞춰 아침 7시에 일어난다. 얀의 침실은 자동 조절 장치로 온도가 조절된다. 침대에서 일어난 얀은 어두운 차창 너머로 밤사이 내린 하얀 눈을 보았다. 눈 때문에 학교에 빠질 염려는 없다. 해 뜨기 전에 이미 제설차가 도로를 깨끗하게 치워 놓았을 테니까. 게다가 얀의 부모님에게는 강력한 4륜구동 자동차가 있어서 눈길에도 걱정이 없다. 얀은 전등 스위치를 켜고 샤워를 한 다음, 옷을 재빨리 입고 아래층으로 내려간다. 그러고는 아침으로 시리얼과 따뜻한 토스트를 먹는다. 옆방에서 텔레비전 소리가 작게 들려왔다. 말라라는 소녀에 대한 이야기였다.

소말리아의 말라 : 말라는 아프리카 소말리아의 수도 모가디슈에서 양철 지붕의 허름한 집에 산다. 열세 살인 이 소녀는 양철판 사이로 햇빛이 들면 잠에서 깬다. 배가 고프지만 먹을 것이 별로 없다. 전날 아껴 둔 쌀 조금뿐이다. 말라는 맏딸이어서 밥을 지어야 한다. 엄마는 편찮으시고 아빠는 일할 곳을 찾아 멀리 떠나셨다. 집 바닥 가운데에 작고 연기가 나는 스토브가 있는데, 불을 지피기 위해서는 땔감이 필요하다. 이곳에서는 나무를 구하기가 어렵다. 가끔 낡은 화물차가 점점 사라져 가는 숲에서 불법으로 벤 나무를 싣고 이 도시로 들어온다. 하지만 나무 값이 너무 비싸 살 수가 없다. 혹시나 화물차 운전자가 말라를 불쌍하게 생각해서 도와준다면 모를까. 말라는 화물차가 깊이 파인 도로를 지나가다가 떨어뜨린 나무들을 줍는다. 말라는 이곳에서 떠나는 날을 꿈꾼다. 자신만의 텔레비전을 갖는 꿈도 가져 본다.

둘의 차이를 알아보아요

아주 다른 두 어린이의 이야기군요. 다시 한 번 얀의 이야기를 살펴봅시다. 에너지에 관한 이야기가 몇 번이나 나오나요? 여섯 번? 일곱 번? 여덟 번? 실제로는 이보다 더 많습니다. 얀이 사용하는 방식으로 에너지를 만들어 내고 공급하는 데도 에너지가 필요하기 때문이지요.

이제 얀과 말라의 이야기를 비교해 보세요. 말라에게도 에너지는 너무나 절실합니다. 에너지는 여러 가지 방식으로 말라의 삶에 영향을 끼치고 있어요. 하지만 얀과 말라, 이 두 어린이가 사용하는 에너지의 양과 종류는 매우 다릅니다. 마치 서로 다른 행성에 살기라도 하는 것처럼 말이에요.

선진국과 마찬가지로 개발 도상국에서도 에너지는 중요하다. 그러나 선진국과 비교할 때 개발 도상국의 에너지 사용량은 아주 적다.

전기의 혜택을 누리는 사람은 누구?

국가별 1인당 연간 전기 사용량을 나타내는 표를 한번 살펴보세요. 전기를 가장 많이 사용하는 국가 1, 2위는 미국과 일본이 아니라 아이슬란드와 노르웨이입니다. 놀랍지 않나요? 이 두 나라는 어두운 밤이

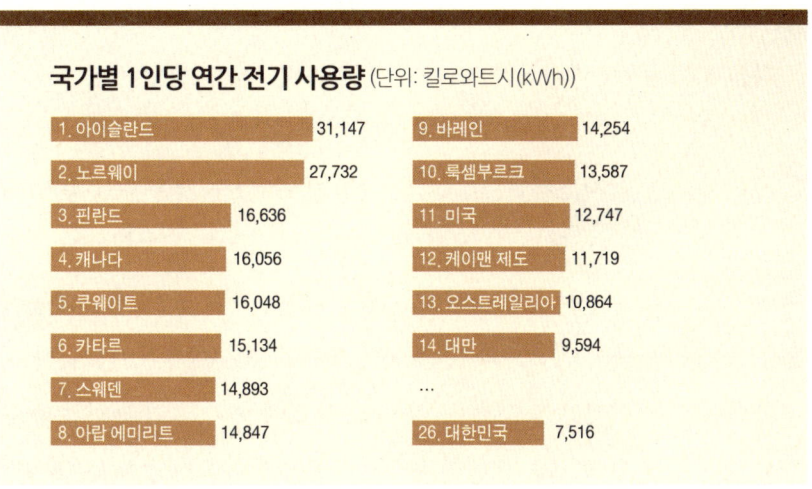

국가별 1인당 연간 전기 사용량 (단위: 킬로와트시(kWh))

순위	국가	사용량	순위	국가	사용량
1.	아이슬란드	31,147	9.	바레인	14,254
2.	노르웨이	27,732	10.	룩셈부르크	13,587
3.	핀란드	16,636	11.	미국	12,747
4.	캐나다	16,056	12.	케이맨 제도	11,719
5.	쿠웨이트	16,048	13.	오스트레일리아	10,864
6.	카타르	15,134	14.	대만	9,594
7.	스웨덴	14,893		…	
8.	아랍 에미리트	14,847	26.	대한민국	7,516

오랫동안 이어지는 추운 나라이기 때문입니다. 하지만 아이슬란드와 노르웨이에서는 전기를 많이 사용하더라도 비교적 값싸게 이용할 수 있습니다. 강과 호수가 많아 수력 발전을 활용할 수 있기 때문이지요.

예상 밖으로 미국의 전기 사용량 순위는 11위에 그칩니다. 미국인은 노르웨이인이 사용하는 전기의 절반 정도를 소비합니다. 하지만 미국인이 사용하는 전기량은 영국인과 독일인이 평균적으로 사용하는 양의 두 배를 넘습니다. 한국은 26위로, 노르웨이인들이 쓰는 전기의 4분의 1 정도를 씁니다.

꼴찌를 차지한 팔레스타인 가자지구 사람들은 1년에 고작 0.167킬로와트시의 전기를 씁니다. 소말리아에 사는 말라의 경우 미국 평균치의 4백분의 1도 안되는 29킬로와트시를 사용합니다. 이것은 말라가 전구를 갖고 있다면 하루 한 시간 정도 켤 수 있는 전력이지요.

가진 자와 못 가진 자

에너지는 여러 방식으로 존재하는데 전기도 그중 하나입니다. 가난한 나라에서는 발전소를 건설하거나 가동할 수 없는 경우가 종종 있어요. 발전소가 있다고 해도 먼 거리까지 전기를 공급해 줄 전력선이 없는 경우도 있지요. 특히 시골은 더욱 그렇습니다. 그런 곳에서는 나무나 등유 또는 동물들의 배설물과 같은 에너지원에 의존하여 살아갑니다.

아래에 있는 그래프를 보세요. 북미와 서유럽 국가 그리고 일본 등의 부자 나라들이 속해 있는 경제협력개발기구(OECD)가 가장 많은 에너지를 사용하고 있습니다. 과거에는 동유럽과 구소련이 2위였지만, 지금은 중국이 그 자리를 차지했어요. 반면에 에너지 소비량이 적은 아프리

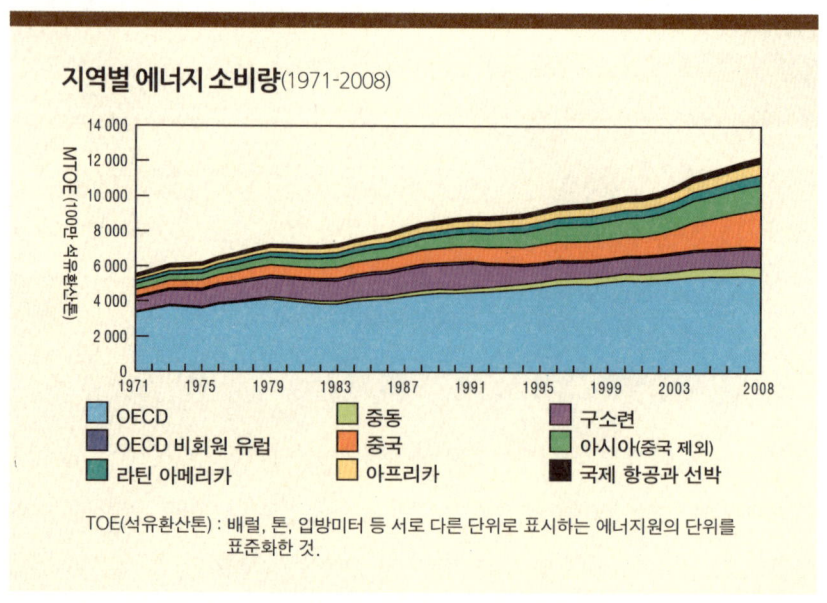

지역별 에너지 소비량(1971-2008)

MTOE(100만 석유환산톤)

■ OECD ■ 중동 ■ 구소련
■ OECD 비회원 유럽 ■ 중국 ■ 아시아(중국 제외)
■ 라틴 아메리카 ■ 아프리카 ■ 국제 항공과 선박

TOE(석유환산톤) : 배럴, 톤, 입방미터 등 서로 다른 단위로 표시하는 에너지원의 단위를 표준화한 것.

카를 한번 살펴보세요. 이제 에너지를 가지고 있는 나라와 그렇지 않은 나라가 쉽게 구분이 되지요?

석유 때문에 전쟁이 난다?

1990년, 이라크는 남쪽에 위치한 작은 나라 쿠웨이트를 침공했습니다. 이라크는 이 공격에 대해 여러 구실을 내놓았지만 진짜 이유는 하나였어요. 바로 석유 때문이었지요. 이라크는 주요 산유국이지만, 당시 대통령이었던 사담 후세인은 쿠웨이트의 석유에 욕심을 냈습니다. 쿠웨이트의 석유 매장량은 상당합니다. 이라크뿐만 아니라 쿠웨이트의 석유까지 마음대로 통제할 수 있다면, 이 지역을 포함한 전 세계에서 막대한 권력을 휘두를 수 있지요. 후세인이 원했던 것은 바로 이 권력이었습니다.

걸프전으로 인해 700개 이상의 유전이 피해를 입었다. 이 가운데 600개 이상의 유전에서 화재가 발생했고, 1,200킬로미터가 넘는 해안선이 기름으로 뒤덮였다.

국내 에너지 수요량을 스스로 충당할 수 없는 국가들은 종종 곤경에 빠진 산유국들을
지원한다. 이를 통해 자국에 대한 에너지 공급이 줄어들지 않도록 한다.

그래서 미국과 영국을 비롯한 여러 나라들이 연합해 후세인을 저지
하기로 결정했습니다. 이들은 후세인의 군대를 쿠웨이트 밖으로 쫓아
내기 위해 군대를 파견했어요.

걸프전이라 불리는 이 전쟁은 짧았지만 참혹하고 피비린내 나는 것
이었습니다. 이라크군뿐 아니라 다국적군에서도 많은 사상자가 발생
했어요. 쿠웨이트는 자유를 얻었지만, 이라크군이 물러나면서 쿠웨이
트의 유전과 유전 시설을 마구잡이로 파괴했어요. 유전에서는 불이 수
개월간 꺼지지 않았고, 유독성의 검은 연기가 하늘로 뿜어져 나왔지요.
또 부서진 송유관에서 나온 석유가 맑고 청정한 물로 흘러들어 가면서
페르시아 만 대부분이 오염되었습니다.

이 전쟁은 세상에서 가장 중요한 에너지원, 즉 석유를 두고 벌어진

이게 바로 석유 세상의 논리

우리는 지역에 따라 에너지 소비량이 극심하게 차이 나는 것을 확인했다. 또한 에너지원, 특히 석유가 국가 간 전쟁을 일으킬 정도로 중요하다는 것도 알아보았다. 어떤 의미에서 석유를 통제하고 있는 국가나 단체들에게 석유는 무기인 셈이다.

동시에 각국은 에너지 공급이 안정적으로 이뤄지도록 갖은 노력을 다한다. 많은 나라가 에너지 수요량을 스스로 감당할 수 없어서 다른 나라로부터 에너지를 수입한다. 그러다 보니 석유가 매장된 나라들과 좋은 관계를 유지하는 것이 중요해졌다. 21세기에 들어서면서 '석유의 안정적인 공급을 보장하는 일'은 중대한 문제가 되었다. 후세인 정권의 붕괴가 이를 잘 보여준다. 어떤 사람들은 미국과 그 우방국들이 2003년에 후세인을 권력에서 내려오게 한 주된 이유를 이라크의 석유 때문이라고 본다. 물론 이에 동의하지 않는 사람들도 있다.

최초의 전쟁이었습니다. 하지만 최후의 전쟁은 결코 아닐 것입니다.

에너지 때문에 생긴 일

이제 이라크의 후세인 정부는 끝이 났습니다. 그러나 석유를 둘러싼 분쟁은 여전히 진행되고 있어요. 세계의 유전 개발자들은 안팎으로 늘 위협에 시달립니다. 언제 석유 수송관과 유전 시설이 고의로 파괴되거나 테러를 당할지 알 수 없는 상황이지요. 이러한 이유로 원유가는 하늘을 찌를 듯 치솟고 있습니다. 동시에 각국 정부의 시름도 깊어져 갑니다.

마지막으로 명심해야 할 것이 있다. 부자 나라라고 해서 모든 사람들이 버튼만 누르면 에너지를 무한정 쓸 수 있는 것은 아니다. 부유한 사회에서도 실업자나 노약자들은 겨울철 난방비를 감당하기 어려운 경우가 많다.

또한 막대한 양의 에너지를 써야만 '삶의 질'을 높일 수 있는 것은 아니다. 많은 사람들이 에너지를 적게 쓰면서도 풍요로운 삶을 살아가고 있다.

좋든 싫든, 우리는 앞으로 에너지를 무한정 사용할 수 있는 것이 아니라는 사실에 익숙해져야 한다.

2
CHAPTER

좋은 연료 그러나 나쁜 이웃, 재생 불가능 에너지

1986년 4월, 우크라이나의 체르노빌 원자력 발전소에서 시행된 안전 시험은 불행하게도 비극으로 끝나고 말았습니다. 원자로가 과열되어 대규모 폭발이 발생했고, 방사능 물질이 대기 중으로 퍼졌습니다. 그래서 동유럽과 북유럽까지 방사능에 오염되었어요. 이 사고로 인해 앞으로 얼마나 많은 사람들이 갑상선암을 비롯한 여러 가지 암에 걸려 사망할지 아직도 정확히 알 수 없습니다. 게다가 체르노빌 원자로와 가까운 지역은 여전히 사람이 들어갈 수 없을 정도로 방사능 수치가 높답니다.

체르노빌 원자력 발전소가 폭발하면서 방사능이 구소련과 유럽 전역으로 퍼져 나갔다.

태양 에너지는 재생 에너지원 중 하나다.

여러분은 '재생 가능 에너지'와 '재생 불가능 에너지'라는 말을 들어 본 적이 있을 거예요. 재생 가능 에너지를 줄여서 **'재생 에너지'**라고 부릅니다. 재생 에너지는 사용해도 원래의 에너지원이 줄어들지 않아요. 바람, 파도, 태양, 수력, 생물 연료(나무, 숯, 농작물 찌꺼기 등)가 바로 재생 가능 에너지원입니다. 반면 화석 연료는 재생이 불가능하지요. 그런데도 우리는 점점 빠른 속도로 화석 연료를 쓰고 있어요. 게다가 화석 연료는 환경을 오염시킵니다. 원자력 역시 재생 불가능 에너지지만, 원료인 우라늄은 매장량이 풍부해서 오랜 기간 사용할 수 있습니다.

이 장에서는 재생 불가능 에너지에 대해서 알아보겠습니다. 여기에 대규모 수력 에너지도 포함했습니다. 수력 에너지는 좋은 에너지원이지만, 화석 연료와 원자력처럼 우리에게 나쁜 이웃이 되기도 하기 때문입니다.

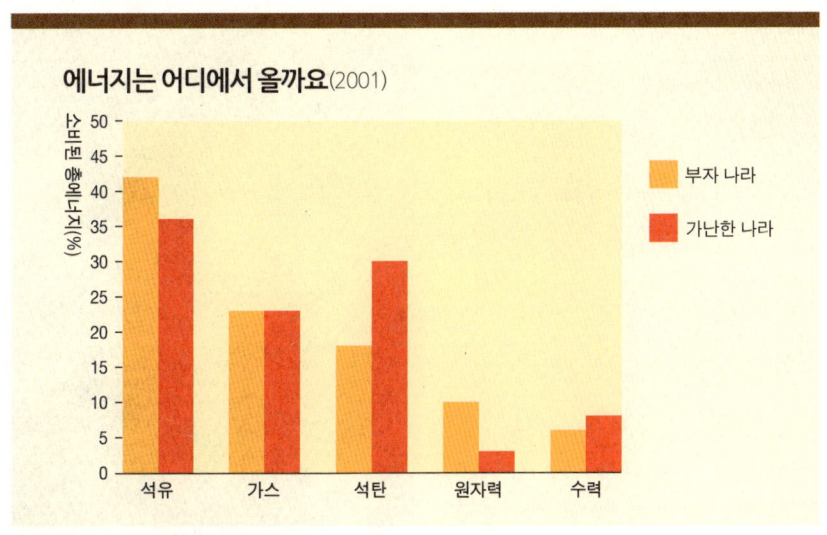

에너지는 어디에서 올까요(2001)

소비된 총에너지(%)

- 부자 나라
- 가난한 나라

석유 / 가스 / 석탄 / 원자력 / 수력

화석의 기록

인류는 수천 년 동안 화석 연료에 의존해 왔습니다. 화석 연료는 유용할 뿐더러 '응집된' 에너지원입니다. 이는 화석 연료로부터 많은 에너지를 얻을 수 있다는 것을 의미합니다. 화석 연료는 저장하기 쉽고 옮기기도 쉽습니다. 다른 에너지와 비교해 값도 저렴합니다. 하지만 매장량이 줄어들수록 값은 더 치솟을 것입니다.

세계적인 상황

우리는 여전히 에너지 대부분을 화석 연료로부터 얻고 있어요. 화석 연료를 직접 태워 사용하기도 하고(자동차에 쓰이는 휘발유나 경유), 발전소에서 전기로 만들어 사용하기도 합니다. 위에 있는 그래프를 보세요. 부자 나라에서 사용하는 에너지의 60퍼센트 이상이 석유와 가스로부터 나온다는 것을 알 수 있습니다. 그다음으로 많이 사용하는 연료는 석탄으로 20퍼센트 정도를 차지하고 있어요. 이는 우리가 사용하는 에너지의 80퍼센트 이상이 화석 연료라는 것을 말해 줍니다.

가난한 나라에서도 에너지 종류별 순위에는 큰 차이가 없습니다(하지만 가난한 나라보다 부자 나라의 에너지 소비량이 여섯 배가량 많아요). 석유가 여전히 1위입니다. 하지만 2위는 석탄이네요. 이 그래프는 상업 에너지, 즉 사고 파는 에너지만을 보여 줍니다. 그래프에는 나오지 않지만, 가난한 나라에서는 수백만 명의 사람들이 나무에 의존해서 살아갑니다.

화석 연료를 태울 때 유해한 화학 물질이 대기 중으로 방출된다.

원자력 발전

우라늄이나 다른 방사능 동위 원소의 원자들은 쪼개질 때 원자가 가진 에너지의 일부가 열로 나옵니다. 원자가 분열되기 시작하면 연쇄 반응을 일으켜 점점 더 많은 원자들이 분열됩니다. 이 과정에서 막대한

화석 연료의 문제점

화석 연료는 태웠을 때 위험한 기체들을 발생시켜 공해를 일으킨다. 알다시피 화석 연료가 내놓는 기체 중 하나인 이산화탄소는 대기의 온도를 높이는 주범이다. 또한 이산화탄소는 기후 변화를 가져오고 해수면을 높인다.

화석 연료의 문제점은 이뿐만이 아니다. 화석 연료는 땅속 깊은 곳이나 해저 아래에서 뽑아내는데, 이 작업 역시 환경을 오염시킨다. 석유가 바다로 흘러들면 바다 생물들이 죽고, 수십 년 동안 해안이 황폐해지기 때문이다. 게다가 채취 작업도 상당히 위험하다. 2004년 한 해에만 중국인 광부 1천 명이 광산 사고로 사망했다. 또 석유 수송관은 순록처럼 계절에 따라 옮겨 다니는 동물들의 이동 경로를 끊어 놓을 수 있다. 앞으로 화석 연료가 점차 줄어들면(4장 참조), 생태계가 쉽게 파괴될 위험이 있는 알래스카에서도 석유를 시추해야 할지 모른다. 화석 연료는 생태계뿐 아니라 한 국가의 정치에도 영향을 끼친다. 앞에서 살펴보았듯이 이라크, 사우디같이 화석 연료가 풍부한 나라들은 정치적으로 불안정하다. 최근에 이 산유국들이 붕괴되길 바라는 사람들이 송유관을 파괴하기도 했다.

양의 열에너지가 나오는 것이지요. 이렇게 발생한 열로 물을 데워 증기를 얻은 다음, 이 증기로 발전기에 있는 **터빈**을 돌릴 수 있습니다. 그러면 우리가 사용하는 전기가 생산됩니다.

계속, 계속, 그러나 끝은 아니다

불행하게도 2011년 지진으로 일본에서 체르노빌 원전 사고와 같은 대규모 사고가 발생했습니다. 원자력은 무시무시한 원전 사고 위험이 있을 뿐만 아니라, 막대한 양의 핵폐기물을 처리해야 하는 문제도 있습

원자력 발전은 만병통치약?

원자력 발전이 처음 시작된 것은 1950년대였다. 당시 대부분의 사람들은 원자력 때문에 전기값이 급격하게 떨어져서 값을 매기기조차 어려워질 거라고 생각했다. 우라늄은 화석 연료와는 다르게 매장량이 풍부하기 때문이다. 또 사용한 우라늄 가운데 일부는 플루토늄처럼 재활용할 수 있으며, 차세대 원자로(고속증식로)에서 연료로 쓸 수도 있다. 게다가 원자력은 이산화탄소와 같은 온실가스를 거의 배출하지 않는다.

그러나 원자력은 예상했던 것보다 비용이 훨씬 많이 드는 것으로 판명났다. 석유나 석탄보다도 돈이 많이 든다. 그리고 안전에 대한 염려도 있다. 사고가 발생해 방사능 물질이 유출된다면 무슨 일이 일어날까? 테러리스트가 핵 물질을 훔쳐 원자 폭탄을 만들기라도 한다면 어떻게 될까?

니다. 핵폐기물 가운데 어떤 것들은 수천 년 심지어 수백만 년까지 독성이 지속됩니다. 게다가 노후화된 원자력 발전소 역시 골칫거리입니다. 많은 원자력 발전소들이 너무 낡아, 안전상의 문제로 조만간 가동을 멈추어야 합니다. 하지만 원자로를 폐쇄하는 일은 비용도 많이 들고 위험하지요.

부자 나라들에서는 총에너지의 10퍼센트 정도(전기의 약 17퍼센트)를 원자력으로 얻습니다. 전 세계적으로 본다면 원자력은 전체 에너지 가운데 5퍼센트 정도를 차지합니다. 그러나 높은 비용과 잠재적인 위험성 때문에 많은 나라에서 원자력 발전 계획을 재검토하려고 합니다.

하지만 여전히 세계 곳곳에서 수십 개의 원자력 발전소가 건설 중입

원자력 발전은 계속해서 에너지 공급의 상당한 비중을 차지할 것이다. 하지만 원자력은 비용이 많이 들고 위험하다.

언제 터질지 모르는 문제

2007년에 발표된 국제원자력기구(IAEA) 보고서에 따르면 31개국에서 439개의 원자로를 가동하고 있다고 한다. 미국이 104개로 가장 많고, 원자로가 하나인 나라는 아르메니아를 비롯한 네 개 나라이다. 원자력에 가장 많이 의존하는 나라는 프랑스이고 우리나라는 여섯 번째다. 2012년까지 전 세계에서 2백 개 이상의 노후화된 원자력 시설을 해체해야 한다. 그러나 아직까지도 안전한 해체 방법에 대해서 합의가 제대로 이뤄지지 않았다.

니다. 중국에서는 20개 이상, 미국에서는 10개 이상, 인도에서는 4개의 원자력 발전소가 건설되고 있어요. 계획 중인 원자로는 이보다 더 많습니다. 우리나라에서는 원자력 발전소 21개가 가동 중이고, 5개가 건설 중이며, 4개를 추가로 건설할 예정입니다.

최근 전기를 생산하기 위해 사용하는 화석 연료가 지구 온난화를 유발한다는 우려가 높아지면서 영국을 포함한 여러 나라에서 원자력 발전 계획을 다시 고려하고 있습니다.

중국의 용, 산샤 댐

중국 최대 강 양쯔 강에 지어진 산샤 댐은 너비가 2.5킬로미터 가까이 되고, 높이가 200미터에 이른다. 댐이 건설되면서 이곳에 640킬로미터에 달하는 거대한 호수가 생겼다. 그래서 그 지역에 살던 1백만 명 이상의 사람들이 이주를 해야만 했다. 산샤 댐을 건설하는 데 무려 2640만 세제곱미터의 콘크리트가 들어갔다. 이 정도면 축구장을 5킬로미터 높이로 채울 수 있는 양이다! 앞으로 산샤 댐은 원자력 발전소 18개에서 생산하는 것과 맞먹는 양의 전기를 생산할 예정이다.

강을 집어삼키는 댐

2002년 11월 3일, 아시아에서 가장 긴 강인 중국 양쯔 강이 자연적인 흐름을 영영 멈추었습니다. 양쯔 강은 이제 콘크리트 구멍 22개를 지나 거대한 댐으로 흘러들어 갑니다. 이 거대한 댐은 중국에 필요한 에너지의 10퍼센트를 공급할 예정이며, 수백만 명의 인명을 앗아 갔던 대홍수를 통제할 것입니다.

수력 발전은 물이 순환할 때 발생하는 에너지를 이용합니다. 물이 순환하는 힘으로 거대한 터빈을 돌려 에너지를 얻는 것이지요. 이를 위해 대규모 댐을 건설하는데, 그 때문에 거대한 호수가 만들어집니다.

댐의 긍정적인 면

수력 발전은 막대한 양의 에너지를 유용하게 쓸 수 있게 해줍니다. 부자 나라건 가난한 나라건 수력 에너지는 중요한 에너지원이에요. 전

수력 발전용 댐이 생산하는 에너지를 지역 주민들이 이용할 수 없는 경우가 종종 있다. 이들은 주변 숲에서 땔감을 구해 에너지를 얻는다. 그래서 필요한 에너지를 얻기 위해 숲을 훼손할 수밖에 없다.

세계 전기의 6분의 1을 공급해 줄 정도니까요. 이집트의 경우 수력 발전 덕분에 고립된 마을 수천 곳의 주민들이 전기의 혜택을 누릴 수 있었어요. 수력 발전소는 운영비가 적게 들고 **온실가스**를 비롯한 공해 물질을 거의 배출하지 않아요. 이론상으로 화석 연료나 원자력 발전보다 수명도 더 깁니다. 또한 수력 발전을 이용하면 홍수를 통제할 수 있고 연료를 얻기 위해 나무를 베지 않아도 되지요.

재생 가능 또는 재생 불가능

거대한 댐을 건설하는 일은 막대한 비용이 들어가는 사업입니다. 어마어마한 양의 건축 자재가 필요하지요. 게다가 댐 건설은 지역 주민들에게 이익을 가져다주지 못합니다. 댐에서 생산된 전기는 댐 주변에 있는 마을이 아니라 주로 대도시에 공급되기 때문이지요.

또 댐이 생기면 수백 제곱킬로미터의 땅이 물에 잠깁니다. 이 땅들은 대개 농토이거나 희귀하고 귀중한 생물 자원들이 서식하는 산림이에요. 이와 함께 댐 아래에 있는 농경지 역시 피해를 입습니다. 홍수가 일어나면 강 하구 농지에 영양분이 쌓이는데, 댐이 홍수를 조절하게 되면 더 이상 이런 효과를 기대할 수 없기 때문이지요. 또 많은 경우에는 수백 또는 수천 개의 마을이 다른 곳으로 옮겨 가야 합니다. 이렇게 만들어진 댐이 유용하게 쓰이는 데도 한계가 있습니다. 댐이 가둔 호수에 흙이 쌓이기 시작하면 댐의 효율이 떨어집니다. 더군다나 물에 잠긴 숲이 분해되면서 메탄과 이산화탄소와 같은 온실가스를 배출하지요.

3

CHAPTER

써도 써도 끝이 없는
재생 에너지

미국 샌프란시스코에서 조금 올라가면, 넓게 펼쳐진 언덕에 키가
100미터도 넘는 기계들이 줄지어 서 있는 모습을 볼 수 있어요.
이 기계에는, 산들바람이 불어오면 천천히 움직이는 칼날 모양의 거대한 날개가
달려 있어요. 직접 가서 보면 웅웅, 윙윙하며 기계들이 돌아가는 소리도 들을 수
있답니다. 원래 이 땅은 옥수수밭이었어요. 지금은 거대한 기계들이 이곳에서 새
로운 것을 생산해 내고 있지요. 바로 전기랍니다.

미국 샌프란시스코 인근
에 위치한 알타몬트 패스
에서는 5천 개가량의 풍
력 발전기가 전기를 생산
한다. 하지만 사람들은
이 풍력 발전 단지를 좋
아하지 않는다. 새, 특히
검독수리에게 해를 끼칠
수 있기 때문이다.

효율이 좋고 싸다?

풍력은 세계적으로 가장 빨리 성장하는 재생 에너지 가운데 하나입니다. 2010년까지 세계적으로 총 197기가와트 규모의 풍력 발전기가 설치되었습니다. 이는 원자력 발전소 197개와 맞먹는 정도입니다. 풍력 터빈은 효율이 높고 돌리는 데 비용이 적게 들며 유지하기도 쉽습니다.

영국 스와프햄에는 거대한 풍력 발전기가 두 개 있는데, 이를 통해 도시에 필요한 전기를 70퍼센트가량 생산하고 있어요. 약 2천 가구가 사용할 수 있는 양이지요.

이러한 장점에도 불구하고 발전기의 외관과 소음 때문에 많은 사람들이 여전히 풍력 발전을 반대합니다. 다행히 풍력 발전기의 디자인이 점점 개선되고, 소음도 많이 줄어들고 있어요. 그렇다고 해도 육상에

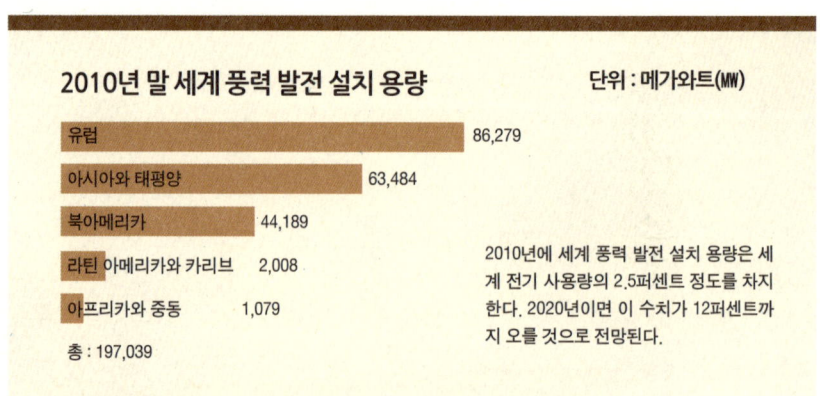

2010년 말 세계 풍력 발전 설치 용량　　　　단위 : 메가와트(MW)

지역	용량
유럽	86,279
아시아와 태평양	63,484
북아메리카	44,189
라틴 아메리카와 카리브	2,008
아프리카와 중동	1,079
총	197,039

2010년에 세계 풍력 발전 설치 용량은 세계 전기 사용량의 2.5퍼센트 정도를 차지한다. 2020년이면 이 수치가 12퍼센트까지 오를 것으로 전망된다.

풍력 발전기를 세우는 것에 대해서는 여전히 반대가 심합니다. 바람이 항상 세게 부는 해안이 풍력 발전에 더 적합하다는 이유에서지요. 하지만 해안에 풍력 발전기를 세우는 경우 해양 생물, 특히 바다 철새에게 영향을 끼칠 염려가 있습니다. 이 문제가 얼마나 심각한지는 아직 말하기 힘든 단계입니다.

태양 전지

우리는 태양을 에너지원으로 이용할 수 있습니다. 직접 태양열을 모을 수도 있고, **복사광**을 전기로 바꿔 **태양 전지**로 사용할 수도 있지요.

태양 전지 한 개는 대략 1.5와트의 전기를 생산합니다(보통 백열전구 하나가 60와트입니다). 태양 전지를 여러 개 연결해 태양 전지판으로 만들면 더 많은 전기 에너지를 얻을 수 있어요. 요즘 태양 전지판을 설치한 건물이 빠르게 늘어나면서 태양 에너지가 전기 에너지의 상당한 비중을 차지해 가고 있습니다. 최근 미국과 유럽에서는 **메가와트** 수준의 대규모 태양광 발전소를 많이 운영하고 있어요. 이런 발전소들이 전력망에 연결되어 전력을 공급하지요.

태양 전지는 만드는 비용이 비싸고, 태양빛을 직

접 받아야만 제 성능을 낼 수 있습니다. 하지만 움직이는 부분이 없어 유지하는 비용은 적게 들어요. 게다가 태양 전지는 '가장 이상적인 에너지 전환 시스템'으로 손꼽히고 있습니다(6장을 참고하세요).

바다 이용하기

전 세계 수많은 해안가에는 파도를 이용하는 시험용 파력 발전기가 세워져 있습니다. 파도를 이용하는 파력 발전은 무한정 사용할 수 있다는 장점이 있어요. 파력 발전은 공기를 압축하거나 물, 기타 액체를 이용하여 터빈을 돌립니다. 발전기의 종류도 다양해서 어떤 것은 해안에 고정되어 있고, 어떤 것은 바다에 떠 있습니다. 요즘은 오리 모양처럼 생긴 파력 발전 장치가 가장 널리 쓰이고 있어요. 이 장치는 파도의 움직임으로 바다에 떠 있는 오리 모양 통 속의 발전기를 돌아가게 합니다.

파력 발전과 조력 발전

파력 발전 : 파도 때문에 바다의 수면은 주기적으로 상하 운동을 하고, 물 입자는 전후로 수평 운동을 한다. 이러한 파도의 운동 에너지를 이용하여 터빈을 돌려 전기를 생산하는 방식을 파력 발전이라고 한다.

조력 발전 : 바다에서는 하루에 두 번 조석 현상, 즉 밀물과 썰물이 나타난다. 이때 바다의 수위가 달라지는데, 이 조수 간만의 차를 이용해 발전기를 돌려 전기를 생산하는 방식을 조력 발전이라고 한다. 조수 간만의 차를 이용하려면 바다에 댐을 설치해야 한다.

한편 밀물과 썰물, 즉 조류를 처음으로 활용한 것은 중세 시대까지 거슬러 올라갑니다. 최근에는 조수가 드나드는 강에 댐을 세워 발전기를 돌리면서 조력 발전이 더욱 활발하게 이용되고 있어요. 대표적인 조력 발전소는 프랑스의 랑스 강에 있습니다.

하지만 거대한 댐은 문제를 일으킵니다. 댐을 지으면 강 하구에 많은 영향을 주기 때문이지요. 조류가 약한 강 하구에는 보통 드넓은 개펄이 있습니다. 개펄은 야생 조류에게는 먹을거리를 제공하는 중요한 곳이에요. 그런데 댐을 지어 조류를 가둬 버리면 개펄에 변화가 일어나 새들의 먹이 습성에 혼란이 생깁니다.

소규모 댐이 거대한 댐을 이긴다?

모든 수력 발전소가 28쪽에 나왔던 중국 산샤 댐처럼 거대한 것은 아니에요. 현재 작은 댐들이 중국 전기의 3분의 1을 생산하고 있어요. 소규모 댐들은 환경을 덜 파괴할 뿐만 아니라, 생산된 전기를 전력선으로 먼 거리까지 운반할 필요도 없답니다. 노르웨이는 산악 지대이고 강이 많아서 대규모 댐을 짓지 않아도 소규모 댐만으로 수요 전력의 95퍼센트를 생산할 수 있어요. 산악 지대라 전기를 이용하기 어려운 다른 나라들, 예를 들어 네팔과 같은 나라에서도 소규모 댐을 건설한다면 이런 혜택을 얻을 수 있습니다.

땅속 열 이용하기

지구 상의 일부 지역에서는 땅속 온도가 높아서 섭씨 180도에서 250

지열 발전 생산량 - 세계 5위 국가들

국가	발전량(2007년)	발전량(2010년)
미국	2,687	3,086
필리핀	1,970	1,904
인도네시아	992	1,197
멕시코	953	958
이탈리아	811	843

단위 : 메가와트(MW)

대규모 화력 발전소 또는 원자력 발전소 1개가 생산하는 전력이 1천 메가 와트 정도이다.

도나 되는 뜨거운 물과 증기를 얻을 수 있습니다. **지열 에너지**를 이용하면 터빈을 돌려 전기를 생산할 수 있고 난방에 필요한 열을 얻을 수도 있답니다. 위의 표를 보면 알 수 있듯이, 지열 발전으로 전기를 가장 많이 생산하는 나라는 바로 미국입니다. 놀랍지 않나요? 미국 다음으로 지열 발전을 많이 이용하는 나라는 필리핀이에요.

최근에는 '핫 드라이 락Hot Dry Rock'이라는 기술이 도입되어 지하에 뜨거운 물(지열수)이 없어도 지열 발전

지하 온도가 높은 곳에 지열 발전소를 지어 상업용 전기를 생산할 수 있다.

을 할 수 있게 됐습니다. 이 방법은 수킬로미터 지하에 있는 고온의 암석을 이용합니다. 차가운 물을 뜨거운 암석으로 보내서 그 물이 뜨거워지면 다시 끌어올리는 방법이지요. 이 기술은 상당히 복잡하지만 최근 각광을 받고 있어요.

또 다른 방법으로는 연중 일정한 온도를 유지하는 지하 100~150미터의 깊이에서 섭씨 12~15도의 열을 뽑아내는 지열 펌프가 있습니다. 비록 지열 펌프로는 전기를 수킬로와트밖에 생산해 내지 못하지만, 현재 유럽과 미국에서 수만 채 이상의 건물이 이 방식으로 전기를 얻고 있답니다.

바이오 에너지(생물 에너지)

바이오 에너지는 나무, 짚 또는 동물 잔해 등 최근까지 살아있었던 물질(바이오매스)을 재료로 이용해 얻는 에너지입니다. 이런 재료들은 직접 태우거나 바이오 디젤 또는 에탄올(알코올)과 같은 바이오 연료로 전환해 사용할 수 있어요. 바이오 에너지가 꼭 좋은 것만은 아니에요. 가난한 나라에서는 여전히 에너지의 3분의 1을 나무를 태워 얻는데, 이로 인해 숲이 파괴되고 육지가 사막화 된답니다. 그렇다고 동물의 배설물 같은 쓰레기를 연료로 사용하면 가난한 소작농들이 천연 비료로 쓸 것을 잃게 됩니다.

최근 들어 '뉴 바이오매스'라는 용어가 새로 등장했는데, 이것은 상업적으로 이용할 수 있을 만큼 대규모로 얻을 수 있는 재료를 뜻합니다. 대개 사탕수수와 같은 작물이나 짚과 같은 쓰레기를 가리키지요. 이것

브라질에서 사탕수수로 에탄올을 생산하면, 1년에 4백억 달러의 화석 연료를 수입하지 않아도 되고 1천3백만 톤의 탄소 배출을 줄일 수 있다. 하지만 최근 몇 년 동안 사탕수수의 작황이 나쁘고 석유 생산량도 늘어나 이 산업은 위기에 처했다.

들을 이용해서 열을 얻거나 액체, 고체 또는 기체 연료를 생산할 수 있습니다.

이론적으로, 바이오 연료는 '탄소 중립적'입니다. 탄소 중립이란 소각해도 대기 중 이산화탄소를 증가시키지 않는다는 것을 의미합니다. 바이오 연료를 태워서 나오는 탄소의 양이 그 연료가 자랄 때 공기 중에서 흡수한 탄소의 양과 같다면 탄소 중립적이라고 말할 수 있어요. 하지만 이런 대체 현상이 항상 일어나지는 않습니다!

나무는 바이오 에너지원으로 사용되지만, '탄소 중립'이 아닐 때가 종종 있다.

재생 에너지 좋기만 할까

지역 사회에 에너지를 공급하기 위해 재생 에너지 시설을 건설한다고 가정해 봅시다. 이러한 시설은 어느 곳에 대규모로 집약 시설을 만들 필요도 없고, 분배하는 시스템을 갖출 필요도 없어요. 게다가 일단 지어지면 에너지원은 공짜입니다. 주민들은 더 이상 외부에서 생산되는 석유와 같은 에너지원에 의존할 필요가 없지요. 지역 주민들이 필요한 에너지를 스스로 통제할 수 있게 됩니다.

그래서 사람들은 재생 불가능 에너지는 '나쁜' 것이고 재생 에너지는 '좋은' 것이라는 생각에 빠집니다. 하지만 이런 생각은 지나치게 단순할 뿐더러 위험하기까지 합니다. 이러한 이분법에서 벗어나, 에너지를 이용할 때 얻는 혜택에 비해 얼마나 많은 비용이 들어가는지 따져 볼 줄 알아야 합니다. 모든 에너지는 사용하는 데 비용이 따르니까요.

4
CHAPTER

에너지, 어디에서 와서 어디로 갈까

2004년 6월, 중국은 원유 수입이 반년 사이에 무려 40퍼센트 가까이 치솟았다고 발표했습니다. 반면 중국의 석탄 비축량은 과거 20년 사이에 가장 낮은 수치로 곤두박질쳤어요. 거기에다 전력 수요량이 15퍼센트나 늘어나 전력 시스템까지 비상 상태에 돌입했습니다. 결국 정전 사태가 벌어졌고, 거대한 나라 전체가 어둠으로 뒤덮였어요. 이러다 중국을 비롯한 세계 전역에서 연료가 바닥나기라도 하는 건 아닐까요?

어디에서 오는 걸까요?

1장에서 우리는 에너지 소비자, 즉 에너지를 생산하지도 못하면서 펑펑 쓰는 나라들에 대해 알아보았습니다. 이제 에너지 생산자들, 즉 세계에 에너지를 공급함으로써 에너지의 흐름을 통제하는 국가와 지역에 대해 알아

> 석탄은 에너지원 중에서 두 번째로 많이 쓰인다. 석유와 마찬가지로 석탄은 화석 연료여서 태울 때 대기 중에 온실가스인 이산화탄소를 배출한다.

보려고 합니다.

아래쪽의 그래프를 보세요. 에너지원에 따른 공급량을 보여주고 있습니다. 그런데 2장에 있는 그래프와 닮은 구석이 있어요. 석유를 비롯한 화석 연료들이 1, 2, 3위를 모두 차지하고 있지요. 4위는 나무나 쓰레기처럼 태울 수 있는 재생 에너지가 차지했고, 원자력과 수력이 그 뒤를 따릅니다. 지열, 태양광, 풍력과 같은 재생 에너지는 고작 0.7퍼센트에 지나지 않습니다.

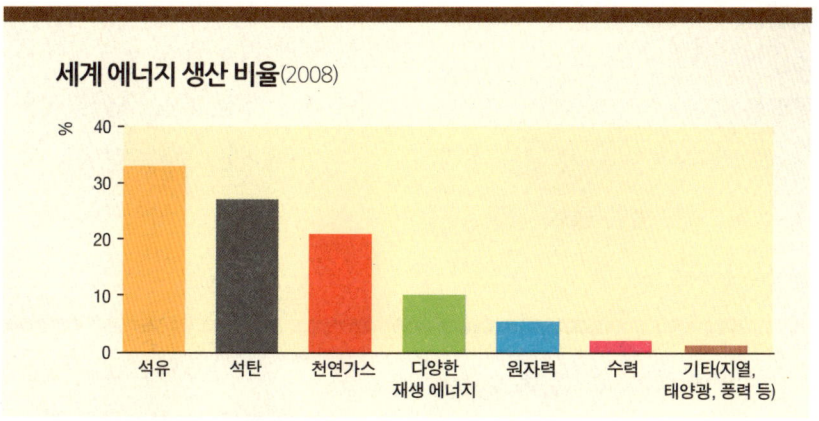

이제 지역별 에너지 생산 현황(42쪽 그래프)에 대해 알아봅시다. 누구나 예상할 수 있듯이, 미국을 포함한 OECD 국가들이 가장 많은 에너지를 생산합니다. 다음으로는 중국을 포함한 아시아 지역이고, 구소련이 그 뒤를 따르지요. 미국을 포함하여 OECD에 속한 부자 나라들 그리고 점점 떠오르는 중국과 아시아 지역은, 생산하는 것보다 더 많은 양의 에너지를 소비해요. 달리 말해 이 지역에서는 다른 지역에 의존해야만 필요한 에너지를 충당할 수 있다는 얘기입니다. 라틴 아메리카는 이와 다른 양상을 보입니다. 이 지역은 땅덩어리에 비해 에너지를 많이 생산해 내지 못합니다. 하지만 소비량이 적어서 적은 양을 생산하고도 에너지를 다른 지역에 수출할 수 있지요.

국가로 따지면 중국이 세계 제일의 에너지 생산국입니다. 그리고 2위는 미국, 3위는 러시아입니다. 뒤에서 알아보겠지만, 이 나라들은 모두 석탄 매장량이 어마어마합니다. 게다가 러시아에는 천연가스도 풍부하지요. 4위는 산유국인 사우디아라비아입니다.

석유 생산량만 놓고 보자면, 러시아는 세계 제일의 산유국이에요. 과거에는 사우디아라비아가 석유를 세계에서 가장 많이 생산했지만, 2009년 이후 러시아가 이를 추월했습니다. 석유 매장량이 풍부한 다른 중동 국가들, 예를 들어 이란, 아랍 에미리트, 쿠웨이트 역시 높은 순위를 차지하고 있어요.

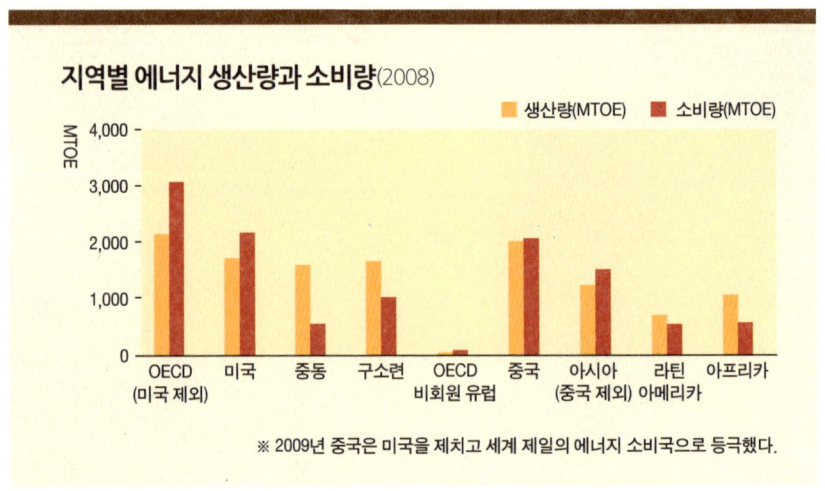

지역별 에너지 생산량과 소비량(2008)

※ 2009년 중국은 미국을 제치고 세계 제일의 에너지 소비국으로 등극했다.

에너지 = 통제 = 권력?

대다수의 산유국들은 석유수출기구(OPEC)에 가입해 있습니다. 석
유수출기구는 전 세계 석유 공급량의 절반 정도를 통제할 정도로 막강
한 조직이에요. 1965년에서 2010년 사이 원유가 변동을 보여주는 그래
프를 보세요. 1970년대 초반까지만 해도 기름값은 낮았습니다. 하지만
1973년부터 기름값이 수직 상승하기 시작했어요(제1차 석유 파동). 1979
년에도 비슷한 일이 벌어졌습니다(제2차 석유 파동). 2008년 잠시 떨어진
것을 제외하면, 2000년대 들어서도 기름값은 꾸준히 올랐어요.

왜 이렇게 기름값이 오르는 걸까요? 그건 바로 기름이 갑자기 바닥
나는 건 아닐까 하는 두려움이 세계를 뒤흔들었기 때문입니다. 언젠가

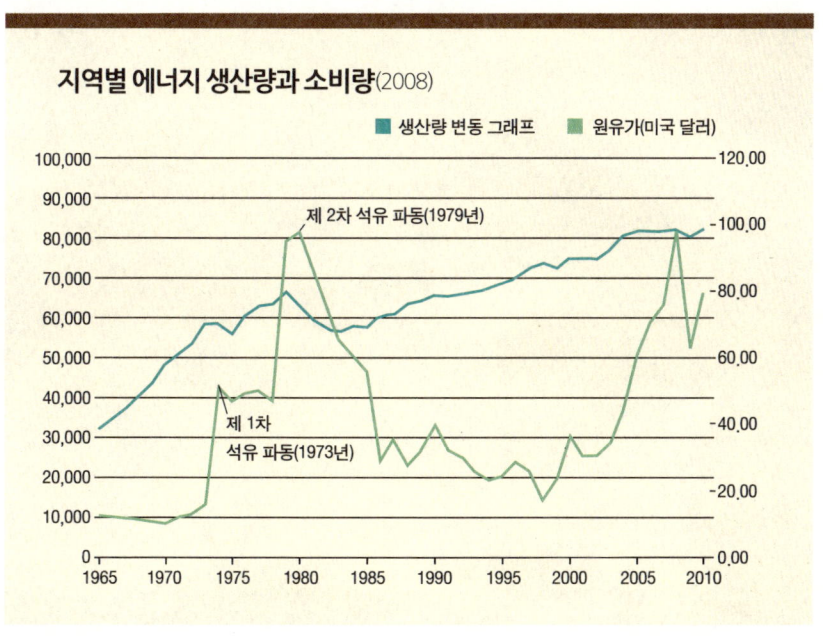

지역별 에너지 생산량과 소비량(2008)

4. 에너지, 어디에서 와서 어디로 갈까 ㅣ 43

부터 산유국들은 석유로 세계를 지배할 수 있다는 것을 깨달았어요. 그러자 석유 생산량을 조절하며 가격을 통제하기 시작했지요. 그때부터 기름값은 올랐다 떨어졌다 하며 변동이 심해졌습니다. 지금도 기름값은 최고치를 경신하며 상승하고 있습니다.

전 세계적으로 볼 때 석유 생산량은 꾸준히 증가해 왔습니다. 지금 우리는 과거 어느 때보다 석유를 많이 생산하지요. 그러나 대다수의 산유국들이 정치적으로 불안정해 석유를 안정적으로 공급할 수 있을지에 대한 불안이 여전히 뒤따릅니다. 그래서 세계 각국은 늘 석유 가격과 생산량을 주시하지요.

중동 국가들은 다른 지역보다 석유를 더 많이 생산한다.

에너지는 어디로 가는 걸까요?

지금까지 우리는 지역별 에너지 소비량을 살펴보았어요. 이제 에너지가 어떤 용도로 쓰이는지 알아볼 차례입니다.

미국의 경우, 산업용 에너지가 38퍼센트로 가장 많은 비중을 차지합니다. 가정용과 상업용 에너지, 그러니까 집과 사무실에서 쓰는 에너지도 산업용 에너지와 거의 비슷한 비중(35퍼센트)을 차지합니다. 그다음으로 에너지가 많이 쓰이는 곳은 운송 분야입니다. 미국 에너지 소비량의 4분의 1 이상인 27퍼센트가 사람과 물건이 이동할 때 소비됩니다.

산업에서 소비되는 에너지의 양은 어마어마하다. 특히 선진국의 경우가 그렇다.

돌아다니는 데 얼마나 쓸까요?

대개 유럽 국가들이 그렇듯, 덴마크에서 에너지를 가장 많이 소비하는 것은 승용차와 화물차 같은 수송 수단입니다. 이에 비해 철도와 선박은 훨씬 적은 에너지를 소비합니다. 비행기는 도로 위를 달리는 자동차 다음으로 많은 에너지를 소비합니다. 자동차로 인한 에너지 소비는 꾸준히 늘고 있어요. 1970년에서 2000년 사이 덴마크에서는 자동차 이용자들이 소비한 에너지가 50퍼센트나 증가했답니다.

서유럽의 경우 전체 에너지의 85퍼센트를 차를 타고 이동하는 데 소비합니다. 대중교통인 버스와 기차에는 고작해야 각각 2.5퍼센트와 3.5퍼센트의 에너지가 쓰입니다. 하지만 이동 횟수 면에서 보면 버스와 기차는 상당한 비중을 차지하지요. 버스가 전체 수송량의 7퍼센트, 기차가 무려 30퍼센트 가까이를 담당하고 있으니까요. 적은 에너지를 사용하면서 빈번하게 이용하는 버스와 기차가 자동차보다 훨씬 에너지 효율이 좋은 교통수단이라는 것을 알 수 있겠지요?

화물과 상품을 운송하는 데도 마찬가지입니다. 유럽에서는 건축 자재와 제조 상품의 98퍼센트, 식품의 97퍼센트, 농산물의 95퍼센트, 판매되는 기름의 75퍼센트가 기차 대신 도로를 통해 운반됩니다. 하지만 기차로 운반하는 경우, 차량을 이용하는 것보다 에너지 효율이 5배나 더 높습니다.

산업을 이끌어 가요

유럽에서 산업용으로 사용되는 에너지의 70퍼센트는 제조업에 쓰입니다. 다음으로 에너지를 많이 쓰는 산업은 농업과 건설업이에요. 앞서 알아보았듯이 에너지를 얻는 데도 막대한 에너지가 들어갑니다.

전 세계적으로 산업용 에너지의 쓰임새는 매우 다양합니다. 가난한 나라에서는 대개 농업이 경제를 이끌어 가지요. 이 경우 기계보다는 동물이나 사람의 힘에 많이 의존합니다. 하지만 가난한 나라들도 점점 많이 산업화의 길에 접어들고 있어요. 세계 제일의 공장인 중국처럼 새로운 제조 국가가 되어 가는 것이지요. 그렇다면 가난한 나라에서도 에너지 수요가 치솟을 수밖에 없겠지요?

가정에서 에너지 소비는?

1장에서 만나 보았던 얀의 이야기로 되돌아가 봅시다. 얀은 하루 동안 여러 방식으로 에너지를 사용했어요. 일반적인 유럽의 가정은 하루에 60킬로와트시의 에너지를 사용합니다. 이것은 하루 24시간 내내 전기 주전자를 작동하는 것과 같은 양이에요! 가정에서 쓰는 에너지의 대부분은 난방에 사용됩니다. 가정용 에너지의 40퍼센트는 천연가스에서, 33퍼센트는 전기 그리고 나머지는 등유를 비롯한 기타 연료로부터 얻습니다. 그리고 전기는 대부분 석유, 천연가스 또는 석탄을 태워 전력을 생산하는 발전소에서 옵니다.

이제 말라의 이야기를 떠올려 보세요. 말라가 사용하는 에너지는 얀에 비해 아주 적습니다. 나무나 등유를 태워 에너지를 얻는 게 고작이지요.

난방 58%

요리 5%
조명과
전기제품
13%

온수 24%

유럽의 보통 가정에서
에너지를 어디에 쓰는
지 보여 준다.

에너지 블랙홀이라고요?

이런 식으로 에너지를 사용하다 지구의 에너지가 몽땅 바닥나 버리는 건 아닐까요? 우리가 충분히 쓸 수 있는 대체 에너지를 찾기도 전에 화석 연료를 다 써버리면 어쩌지요?

이 질문에 대한 답을 얻으려면 먼저 에너지 매장량을 알아볼 필요가 있습니다. 정확한 양을 알 수는 없더라도 에너지가 얼마나 많이 남아 있는지 살펴보자는 것이지요. 다음 쪽에 있는 석유와 천연가스 매장량에 대한 그래프를 보세요. 지금까지 석유가 가장 많이 남아 있는 곳은 중동입니다. 나머지 지역들과는 비교되지 않을 정도로 많지요. 천연가스는 좀 다릅니다. 중동이 매장량에서 1위를 차지하긴 했지만, 동유럽과 구소련 지역에도 중동 못지않게 많은 천연가스가 매장되어 있습니다.

반면 석탄이 가장 많이 매장된 곳은 미국입니다. 다음은 러시아, 중국, 인도, 오스트레일리아 순입니다.

가정과 학교의 전기 기기들에 쓰이는 에너지는 대부분 발전소에서 석유, 천연가스 또는 석탄으로 생산한 것이다.

화석 연료는 앞으로 얼마나 갈까요?

지역별 석유 매장량을 모두 합하면 전 세계 석유 매장량은 약 1조 239억 배럴에 달합니다. 전 세계에서 하루 동안 사용하는 석유는 대략 8천5백만 배럴입니다. 1년으로 따지면 310억 배럴쯤 됩니다. 계속 이만큼의 석유를 소비한다고 가정했을 때, 전 세계 석유 매장량(1조239억)을 연간 사용량(310억)으로 나누어 보면, 앞으로 몇 년 동안 석유를 사용할 수 있을지 계산할 수 있어요. 계산을 해보면 알 수 있듯이 그리 오래남지 않았어요. 약 40년 정도입니다.

천연가스와 석탄도 같은 방식으로 계산할 수 있어요. 추정치에 따르면 천연가스는 70년 그리고 석탄은 190년간 사용할 수 있다고 합니다.

물론 전 세계 화석 연료가 얼마나 남아 있는지를 추정하는 일은 결코

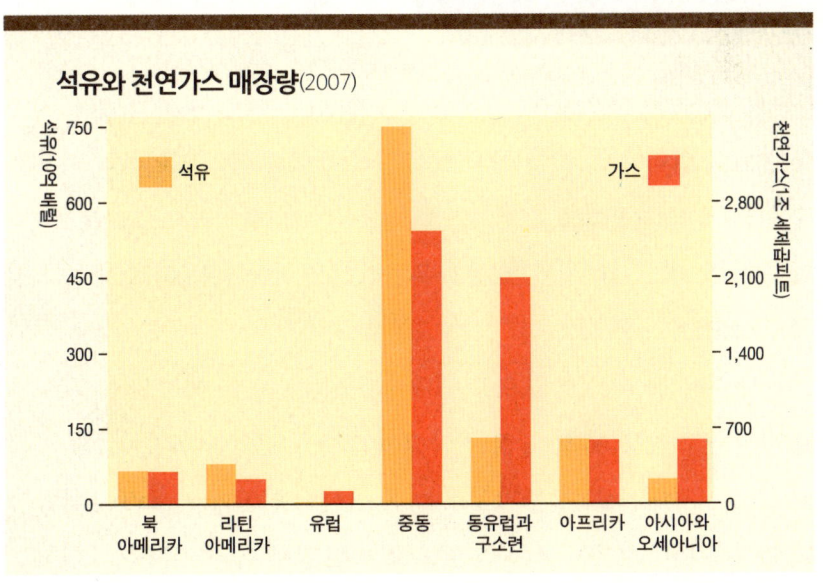

석유와 천연가스 매장량(2007)

현재 속도로 기름을 소비한다면 우리가 사는 동안에 석유가 고갈될 가능성이 있다.

쉽지 않아요. 우리가 보통 얘기하는 것은 '알려진' 매장량입니다. 아직 모르는 매장 연료가 있을 수 있다는 말이지요. 화석 연료가 점점 고갈되면 값이 점점 비싸져서 나중에는 오일 셰일 같은 곳에서 석유를 시추할 수도 있어요. 오일 셰일은 석유를 포함하고 있는 암석을 가리키는데, 경제성이 떨어져 그동안 시추하지 않았던 곳이지요. 게다가 석유를 탐사하고 시추하는 기술이 개선되고 있어서 앞으로 어떤 변화가 있을지는 두고 봐야 합니다. 그리고 앞서 보았듯이 앞으로 석유를 얼마나 사용할 수 있을 것인가에 대한 추정치는 현재 소비 속도를 바탕으로 계산한 것입니다. 우리가 에너지를 적게 사용한다면 화석 연료는 더 오래 지속될 것입니다!

반면 지금과 같은 방식으로 에너지를 써버린다면 매장된 자원도 차츰 바닥나고 말 거예요. 매장된 자원이 고갈될수록 에너지 공급량은 점점 줄어들 것이고요. 전문가들은 석유 생산이 최고에 이르러 생산량이 더 이상 늘어나지 않는 시점이 앞으로 10년 안에 올 것이라고 예상하고 있어요. 천연가스의 경우는 30년을 바라보고 있습니다. 그 이후부터는 석유와 천연가스를 얻기가 더욱 힘들어질 것입니다.

미래를 이야기할 때

이제까지 살펴본 증거들에 따르면, 우리에게 가장 중요한 화석 연료인 석유와 천연가스는 앞으로 50년, 어쩌면 그보다 더 짧은 기간 내에 고갈되거나 부족해질 것입니다. 석유가 매장된 곳은 대부분 중동 지역이기 때문에 세계는 필요한 에너지를 얻기 위해 점점 더 중동 지역에 의존할 것입니다. 이런 상황에서 여러 나라들이 앞다투어 석유를 확보하려고 나선다면, 그렇지 않아도 불안정한 중동 지역이 더욱 혼란에 빠질 수 있어요.

그러나 우리가 석유와 천연가스를 좀 더 효율적으로 사용한다면, 즉 석유 기반의 경제 구조를 다른 에너지원을 바탕으로 한 경제 구조로 대체할 수 있다면, 이런 상황을 막을 수 있습니다.

매장량이 상당한 석탄을 사용한다면 어떨까요? 앞으로 석유와 천연

정치적으로 안정된 세계에 살기 위해서는 석유를 기반으로 한 경제 구조를 대체하는 것이 중요하다.

아무리 좋은 신기술이라도 석탄을 태울 때 나오는 더러운 찌꺼기를 완전히 제거할 수 없다. 게다가 석탄은 천연가스나 석유보다 이산화탄소를 더 많이 배출한다.

가스가 부족해질수록 석탄은 중요한 연료가 될 것입니다. 특히 빠르게 발전하는 아시아 지역에서 말이지요.

그러나 석탄은 '더러운' 연료입니다. 다른 화석 연료보다 이산화탄소를 더 많이 배출하기 때문이지요. 석탄이 미래의 에너지 수요를 어느 정도 충족해 줄 수는 있습니다. 그러나 우리가 석탄에 의존한다면 세계는 급격한 기후 변화에 내몰릴 것입니다. 다음 장에서 자세히 알아보도록 하지요.

진짜 에너지 위기란?

CHAPTER 5

2002년 8월 13일, 러시아 남부에 있는 콜카 빙하가 무너져 내렸습니다. 그 뒤 한 달쯤 지나 가까이에 있는 또 다른 빙하가 붕괴해, 4천 미터가 넘는 지마라이 산에서도 경사면을 따라 산사태가 발생했습니다. 얼음과 돌이 24킬로미터 이상 미끄럼을 타고 내려오면서 작은 마을들이 파묻히고 100명이 넘는 사람들이 목숨을 잃었습니다.

사고가 발생하기 전부터 과학자들은 기후가 따뜻해져서 빙하가 대규모로 붕괴될 가능성이 있다고 경고했습니다. 하지만 그 누구도 이런 비극을 미리 예측

콜카 빙하가 붕괴하기 전(왼쪽)과 후(오른쪽)의 지마라이 산의 모습이다. 당시 100명 이상이 목숨을 잃었다. 이 사진은 국제 우주 정거장의 우주 비행사가 찍은 것이다.

하지는 못했어요. 국제 우주 정거장의 카메라가 당시 산사태로 산과 계곡이 어떻게 변했는지 포착했습니다.

인간의 영향

지난 150년 동안 지구의 기온은 0.6도 상승했다고 합니다. 게다가 지구의 기온이 점점 빨리 상승하고 있음을 암시하는 증거도 속속 나오고 있어요. 지구의 기후 변화는 인류에게 재앙을 초래할 수 있는 중대한 문제입니다.

하지만 우리는 기온 상승의 정확한 원인을 아직까지 파악하지 못하고 있어요. 기후는 오랜 시간 동안 천천히 변화하기 때문이지요. 특히 지난 세기 급격히 일어난 기온 상승은 자연적인 요인만으로 쉽게 설명이 되지 않습니다. 1996년 기후 전문가들은 다음과 같은 말을 했습니다. "이산화탄소를 비롯한 온실가스가 점점 뚜렷하게 기후에 영향을 미치고 있다. 여러 증거들이 이를 보여 준다."

전 지구적 보호막

그렇다면 지구 온난화는 어떻게 일어나는 걸까요? 한번 살펴봅시다. 태양으로부터 지구에 닿는 (복사)에너지는 파장이 짧습니다. 그래서 이 가운데 24퍼센트만 대기와 구름을 통과해 지표면에 닿습니다. 이때 지표면이 데워지면서 열이 발생하는데, 이 열은 나중에 대기 중으로 다시 방출됩니다. 지구 밖으로 빠져나가는 복사열은 지구로 들어오는 복사 에너지와는 다르게 파장이 길어요. 그런데 이 파장을 온실가스라고 불리는 이산화탄소와 메탄 같은 기체들이 잘 흡수한답니다. 결과적으로 온실가

▌미국 로스앤젤레스와 같은 도시에서는 자동차 매연이 심해 스모그가 자주 나타난다.

지구의 기온 변동 추이

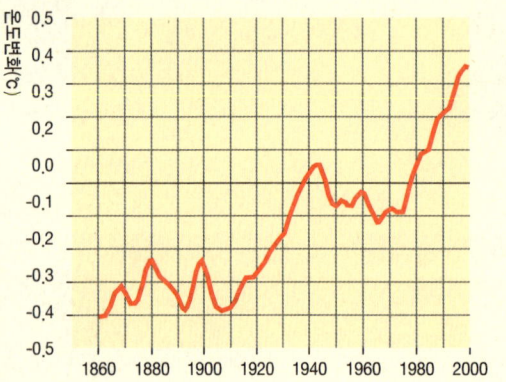

이산화탄소 농도 변화

ppm : 농도의 단위. 1ppm은 10^{-6}
아이스코어 데이터 : 북극과 남극에 덮인 수킬로미터 두께의 얼음을 시추해서 과거 기후 정보를 얻어 냈다.
하와이 마우나로아 관측 : 태평양 한가운데 위치한 하와이 마우나로아 섬은 모든 오염원과 밀집된 식생으로부터 멀리 떨어져 있어서 대기의 조성을 측정하기에 이상적인 장소이다. 1958년부터 이 섬에서 대기 중 이산화탄소 농도를 측정하기 시작했다.

스가 대기 중으로 방출된 열에너지를 다시 지구로 돌려보내는 거대한 보호막 역할을 합니다. 이로 인해 지구는 더욱 따뜻한 행성이 되고 있어요.

사실 온실가스의 이런 특징은 지구에 사는 생명체들에게 이로운 것입니다. 자연적으로 발생하는 온실가스는 생명체들이 살기 좋게 기온을 평균 15도 정도로 유지해 주거든요. 만약 온실가스가 없다면 지구는 얼어붙고 황폐한 땅이 되고 말 거예요. 하지만 대기 중의 온실가스가 정상적인 수준보다 늘어나면서 문제가 발생하기 시작했어요.

어느 정도가 정상일까요?

왼쪽 그래프를 보세요. 이 그래프는 과거 100여 년 사이에 지구의 기온이 얼마나 상승했고 이산화탄소는 얼마나 많아졌는지 보여줍니다. 두 그래프의 선이 비슷하게 높아지고 있지요. 그렇다고 해서 기온 상승과 이산화탄소 농도 증가 사이에 반드시 상관관계가 있다고 단정할 수는 없어요. 다른 요인들이 기온과 이산화탄소 농도 모두를 상승시킬 수도 있으니까요. 그러나 대부분의 과학자들은 이 둘 사이에 관련이 있다고 이야기합니다.

점점 갱신되는 최고 기록

매년 우리는 대기 중으로 90억 톤의 탄소를 배출한다. 이 탄소는 공룡이 살던 시대부터 땅에 묻혀 있던 것으로, 한 번 방출되면 약 100년 동안 대기 중에 머문다. 산업 혁명 이전에는 이산화탄소의 농도가 280ppm(대기 중 농도가 약 0.03퍼센트) 정도로 일정했다. 하지만 1997년에 368ppm으로 늘어났고, 2010년에 380ppm을 넘어섰다.

점점 빨라지고 있어요!

이산화탄소가 유일한 온실가스는 아닙니다. 온실 효과의 50퍼센트를 일으키는 최대 주범이긴 하지만 말이에요. 습지나 매립지와 같이 산소가 부족한 곳에서 사는 세균들이 방출하는 메탄도 온실 효과를 일으킵니다. 또 자동차가 내뿜는 일산화질소와 오존도 온실가스랍니다.

이산화탄소처럼 메탄의 대기 중 농도도 점점 상승하고 있습니다. 깊은 바닷속 해저면과 얼어붙은 툰드라 지대의 지표면 아래에는 상당한 양의 메탄이 저장되어 있습니다. 지구의 온도가 계속 상승한다면 이 메

지구의 기온이 계속 상승하면 북극 툰드라 지역의 땅속에 얼어붙어 있는 메탄이 밖으로 빠져나올 수 있다.

바닷물의 높이가 60센티미터 상승하면 인도의 뭄바이, 일본 도쿄 그리고 미국의 뉴욕과 같은 도시들은 침수를 막기 위해 거대한 제방을 쌓아야 할 것이다.

탄이 밖으로 방출될 수도 있어요. 그렇게 되면 온실 효과가 극적으로 빨라지는 가속 현상이 일어나지요.

해수면 상승

지난 100여 년 동안 바닷물의 높이는 2센티미터 정도 높아졌습니다. 2센티미터면 얼마 안되는 것 아니냐고요? 그러나 지금 속도대로 기온이 상승한다면, 이번 세기말에는 해수면이 60센티미터나 상승하게 될 거예요. 게다가 태풍과 허리케인이 더욱 빈번하게 불어 닥쳐 지대가 낮은 지역에서는 더 이상 사람이 살 수 없지요.

방글라데시 같은 나라는 상황이 훨씬 심각합니다. 앞으로 50년 안에 해수면이 상승하고 땅이 가라앉아 바닷물의 높이가 무려 1.8미터나 높아질 것입니다. 그러면 방글라데시 국토 면적의 16퍼센트가 물에 잠기

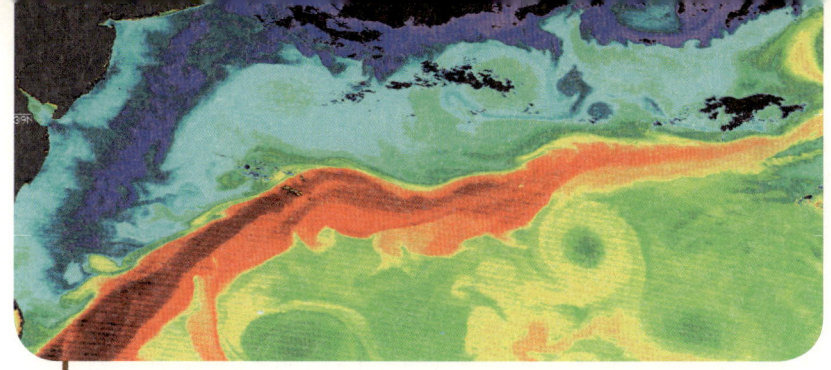

이 그림에서 빨간 띠는 대서양을 가로질러 흐르는 거대한 난류인 멕시코 만류를 나타낸다.

게 되지요. 또 태평양의 많은 섬들이 사라질 거예요.

이렇게 바닷물의 높이가 빠르게 상승하는 이유는 무엇일까요? 주된 원인은 바로 극지방에서 녹아내리는 얼음입니다. 2007년 여름에는 북극 바다를 덮고 있는 얼음의 면적이 관측 사상 가장 작았어요. 기온이 상승하면 언젠가는 북극 바다에서 얼음이 모두 사라질 날이 올 수도 있답니다.

지구의 빙하기?

하지만 온난화와는 상반된 현상이 나타날 가능성도 있습니다. 바로 해류 때문이지요. 서유럽은 열대 지방으로부터 따뜻해진 바닷물을 가져다주는 멕시코 만류 덕분에 기온이 온화합니다. 거대한 해류인 멕시코 만류는 그보다 더 거대한 해류의 일부분으로, 컨베이어 벨트처럼 지구 전체를 순환합니다. 멕시코 만류는 차갑고 밀도가 높은 북극의 바닷물 덕분에 순환할 수 있습니다. 그런데 북극의 얼음이 점점 많이 녹으면 북극의 바닷물에서 소금기가 줄어들어 밀도가 낮아집니다. 그렇게 되면 해류의 순환이 느려지거나 멈출 수 있어요. 결국 멕시코 만류도

녹아내리고 있어요!

그린란드에는 어마어마한 양의 얼음이 쌓여 있다. 그린란드의 빙원은 지구 상 얼음의 8퍼센트를 차지하고, 높이가 평균 2135미터나 된다. 얼음의 양은 약 2백5십만 제곱킬로미터에 이른다. 그런데 지난 30년 동안 이 지역에서 얼음이 감소해 왔다. 따뜻한 남서부 지역은 특히 상황이 심각하다.

그린란드의 얼음이 모두 다 녹으면 해수면이 7.4미터나 상승한다. 기온이 4도가량 오른다면 이런 일이 일어날 수도 있다. 물론 이렇게 되려면 수백 년이 걸릴 것이다.

그 영향을 받게 됩니다.

그 결과 지구의 북반구에서는 온난화와 반대되는 결과가 나타날 수도 있습니다. 오히려 기온이 떨어져서 서유럽인 영국의 기후가 북유럽의 노르웨이와 비슷해질 수 있어요.

누가 피해를 입을까요?

지구의 기온이 상승하면 어떤 일이 벌어질까요? 우선 적도와 가까운 곳보다 극지방과 가까운 곳일수록 기온 상승 폭이 커질 가능성이 높습니다. 또 비를 뿌리는 바람의 경로가 달라져 미국과 유럽의 상당한 지역에서 작물을 키우기 어려워질 수 있어요. 반면 더 북쪽에 위치한 캐나다와 스칸디나비아에서는 기온 상승으로 농업이 팽창할 수도 있답니다. 또 지표면에 있는 물이 증발하는 속도가 빨라져서 중국과 같은 곳에서는 심각한 물 부족 사태가 벌어질 수 있습니다. 결과적으로 기후

기후 변화로 인해 전 세계 농업에
변화가 일어날 수 있다.

변화는 지구에 끔찍한 결과를 가져올 것입니다.

서식지의 변화

기후 변화 때문에 동식물의 서식지에도 변화가 일어날 것입니다. 예를 들어 푸른박새는 보통 애벌레가 나타나는 때에 맞춰 새끼를 낳습니다. 새끼들에게 애벌레를 먹이로 주어야 하기 때문이지요. 그런데 온난화 때문에 봄이 빨리 찾아오면 애벌레도 때 이르게 번식해서, 푸른박새가 애벌레를 잡지 못할 수도 있어요. 물론 본능적으로 새들이 애벌레 출현 시기에 맞추어 번식 주기를 바꿀 수도 있습니다. 그러나 일부 과학자들은 새들이 변화를 그렇게 빨리 받아들이지 못할 것이라고 주장합니다.

전 지구적 차원에서 볼 때 동식물의 서식지는 점차 고위도(북반구에서는 더 북쪽으로, 남반구에서는 더 남쪽으로)로 이동합니다. 일부 동물과 식물은 이런 변화를 따라갈 수 있겠지만, 그렇지 않은 동식물도 분명 있을 거예요.

영국 리즈의 생물학자들은 다음과 같은 연구 결과를 발표한 바 있습니다. "지구 온난화로 인해 2050년까지 육상에 사는 동식물의 4분의 1이 멸종할 가능성이 있다. 최선의 시나리오일 경우에도 9퍼센트의 생물이 멸종될 것으로 예측된다."

주범은 누구?

그렇다면 온실가스를 가장 많이 배출하는 지역은 어디일까요? 지역별 이산화탄소 배출량을 나타내는 그래프를 한번 살펴보세요. 2004년에는 아시아와 오세아니아 지역이 이산화탄소를 가장 많이 배출했어

먹이 사슬에는 치명타

수세기 동안, 스코틀랜드 북쪽에 위치한 오크니 제도, 페어 섬 그리고 셰틀랜드 제도는 바닷새들의 대규모 서식지였다. 셰틀랜드에만 백만 마리의 바닷새가 살고 있었다. 그런데 최근 몇 년 동안 이 대형 서식지의 규모가 줄기 시작하더니, 2004년에는 수만 마리의 새들이 새끼를 기르는 데 실패했다. 새들로 붐비던 절벽은 이제 조용해졌다. 이 문제는 기후 변화와 연관이 있다. 20년 동안 북해의 평균 수온이 약 2도 상승했다. 그 결과 차가운 물에서 자라는 플랑크톤이 북쪽으로 1천 킬로미터가량 옮겨 갔다. 그러자 플랑크톤을 먹고살던 새끼 까나리의 개체 수가 줄어들었다. 이로 인해 까나리를 잡아먹는 바닷새의 개체 수 역시 감소한 것이다.

요. 10년 전인 1994년만 해도 미국, 캐나다가 속한 북아메리카 지역과 아시아, 오세아니아 지역의 이산화탄소 배출량이 비슷했습니다. 3위는 유럽입니다. 하지만 이제까지 배출된 이산화탄소의 양을 합하면 순위는 또 달라집니다. 서구 국가들이 일찍이 산업 혁명을 겪었기 때문이지요. 1800년에서 1988년까지의 이산화탄소 배출량을 기준으로 한다면 북아메리카가 1위, 유럽이 2위 그리고 구소련 국가들이 3위가 됩니다.

많은 생명체들이 멸종 위기에 처해 있다. 지구 온난화는 서식지에 변화를 가져와 개체 수 감소를 더욱 부추길 것이다. 환경 변화에 적응하는 생명체는 살아남을 것이고, 그렇지 못한 생명체는 멸종할 것이다.

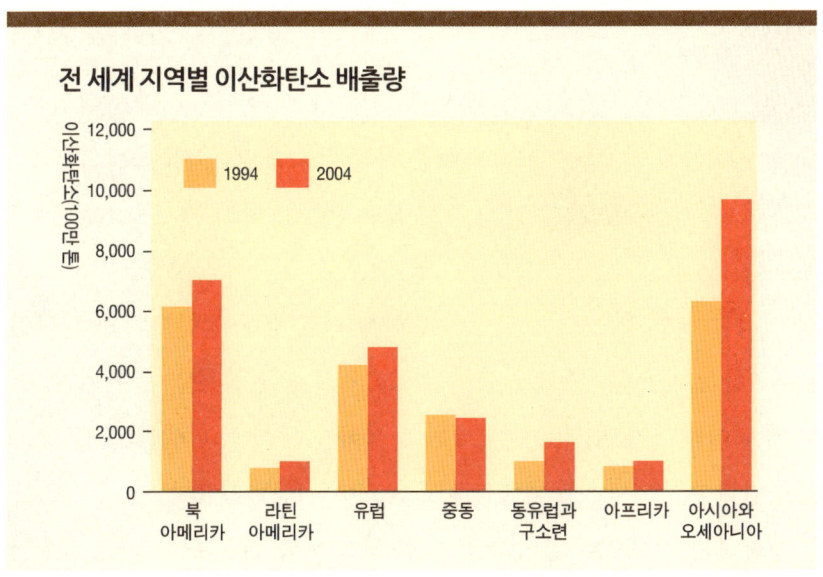

전 세계 지역별 이산화탄소 배출량

지역별 대신 국가별로 이산화탄소 배출량을 따져 본다면 미국이 1위이고 중국과 러시아가 그 뒤를 따릅니다. 중국과 러시아는 최대 석탄 소비국이기도 합니다. 석탄은 다른 매연 물질과 함께 이산화탄소를 많이 배출하지요.

현재 중국, 한국, 대만, 인도네시아 등의 아시아 국가들이 세계적인 산업 대국으로 변화하고 있습니다. 머지않아 이 국가들은 온실가스 배출 주범국이 될 것입니다. 에너지 수요량이 빠르게 증가하는 데다, 대부분의 에너지를 화석 연료로 충당하기 때문이지요.

전 지구적인 경고?

이 장에서는 화석 연료의 사용이 지구 온난화에 어떤 영향을 미치는지 집중적으로 알아보았습니다. 화석 연료를 쓰는 것뿐만 아니라 숲에서 나무를 베는 것도 대기 중 이산화탄소 농도에 상당한 영향을 끼칩니다. 나무는 대기 중으로 산소를 내뿜기만 하는 게 아닙니다. 이산화탄소를 흡수해 오랜 세월 동안 막대한 양의 탄소를 몸 안에 가둬 두지요. 그래서 나무를 태우면 그 안에 갇혀 있던 탄소가 다시 대기 중으로 방출됩니다.

여러분이 잘 알고 있는 산성비도 화석 연료 때문에 발생하는 현상입니다. 산성비는 숲, 호수를 오염시키고 건물을 손상시킵니다. 이런 까닭에 북아메리카와 서유럽에서는 산성화를 줄이기 위해 많은 노력을 기울입니다. 고온 연소 기술을 사용하거나 이산화황 같은 산성 가스를 중성화하는 방식으로 말이지요. 또한 화석 연료 대신 오염을 덜 일으키

산성비는 숲과 토양, 물고기를 비롯한 생명체들 그리고 인간의 건강에 해를 입힌다.

는 천연가스로 발전소를 가동하면 대기 중의 산성도를 줄이는 데 도움
이 됩니다. 발전소에서 석탄과 기름 등 화석 연료를 태울 때 배출되는
이산화황과 같은 오염 물질이 산성비를 일으키기 때문이지요. 하지만
안타깝게도 전 세계 많은 지역에서 여전히 산업화가 이뤄지고 있어서
화석 연료의 사용은 줄어들 줄을 모릅니다. 오히려 계속 급증하고 있지
요. 2000년에서 2006년 사이 중국에서는 이산화황 배출량이 53퍼센트
나 늘어났습니다.

진짜 에너지 위기는?

지금까지 화석 연료에 지나치게 의존할 때 지구에 발생할 수 있는

문제들에 대해 알아보았습니다. 이러한 문제들로 인해 우리는 분명 경제적인 손실을 감당해야 할 거예요. 식품 생산에도 영향을 끼쳐 사회에 혼란이 올 수도 있습니다. 가난한 사람들은 더 많은 영향을 받을 것입니다. 가난할수록 자신의 상황을 바꾸거나 통제하기가 어렵기 때문이지요.

이것은 과연 위기일까요, 아닐까요? 어쨌거나 이러한 변화가 자연 순환의 일부로서 피할 수 없다는 것은 확실해 보입니다. 하지만 그 누구도 이런 상황을 기꺼이 받아들이고 싶어 하지는 않습니다.

6
CHAPTER

어떻게 에너지 효율을
높일 수 있을까

대부분의 전력 발전소에서는 증기로 터빈을 돌려 발전기를 가동합니다. 이때 증기에 압력을 가해 섭씨 650도 정도의 고온으로 끌어올립니다. 증기 온도가 섭씨 450도 이하이면 효율이 떨어지기 때문이지요. 그래서 섭씨 450도 이하의 증기는 쓰이지 못하고 버려집니다. 대부분의 발전소 효율이 35퍼센트밖에 안되는 이유가 바로 여기에 있어요.

열 교환기를 사용하면 버려지는 열을 재활용할 수 있다.
이를 통해 산업 시설이나 가전 기기의 에너지 효율을 높일 수 있다.

어떻게 낭비되는 열을 사용할 수 있을까요?

한 가지 방법은 물보다 훨씬 낮은 온도에서 기체로 변하는 액체를 이용하는 것입니다. 이 경우 적은 에너지로 액체를 기화시켜 압력을 높일 수 있어요.

화석 연료 중에서도 이런 역할을 할 수 있는 물질이 있습니다. 바로 프로판입니다. 프로판은 끓는점이 섭씨 50도 정도여서 물 대신 프로판을 사용하면 발전소의 효율을 35퍼센트에서 60퍼센트까지 끌어올릴 수 있어요. 그래도 여전히 버려지는 열이 있긴 하지만, 프로판은 끓는점이 낮아서 낭비되는 열로 두 번째 터빈을 돌려 전기를 생산할 수 있답니다. 프로판을 이용하면 발전소에서 나오는 기체의 온도가 섭씨 450도

낡은 아이디어 혹은 새로운 아이디어

우리가 에너지를 효율적으로, 즉 적은 에너지로 더 많은 일을 하도록 사용하지 않는다면 에너지 위기는 피할 수 없을 것이다.

에너지 효율은 전혀 새로운 개념이 아니다. 아마도 여러분은 에너지 효율이 높은 전구에 대해 들어 본 적이 있을 것이다. 가정이나 사무실에서 이미 이런 전구를 사용하고 있을 수도 있다. 오늘날 냉장고, 세탁기, 식기세척기 등 많은 가전제품이 이전보다 강화된 에너지 소비 효율 등급에 맞춰 생산된다.

프로판을 쓰지 않고 낭비되는 열을 재활용하는 방법도 있다. 열전기 병합 시설(CHP, Combined Heat and Power)이라는 것으로, 이 기술을 통해 발전소와 다른 산업에서 버려지는 열을 사무소나 가정에 난방용으로 공급할 수 있다.

에서 섭씨 55도로 떨어지기 때문이지요. 이 기술은 다른 산업에서 버리는 열을 재사용할 수 있게 해줍니다.

에너지 효율이란 무슨 뜻인가요?

에너지는 쓸 때마다 전환이 일어납니다. 이를테면 전기였던 에너지가 열과 같은 다른 형태의 에너지로 바뀌는 것이지요. 에너지 전환이 일어나면 일부 에너지는 버려집니다. **에너지 전환**이 많이 일어날수록 버려지는 에너지도 많아져요.

따라서 가능한 한 에너지 전환 횟수를 줄이는 게 좋습니다. 전기로 물을 데우는 데는 에너지 전환이 대략 다섯 번 일어납니다.

공장을 가동할 때, 가정에서 가전 기기를 사용할 때 대량의 에너지 전환이 발생한다.

철강 산업은 에너지 소비가 많은 산업이다. 철강 제품을 생산하는 데 막대한 양의 에너지가 쓰인다.

직접 물을 데우는 경우, 태양열을 이용하면 에너지 전환이 딱 한 번 일어납니다. 천연가스로 물을 데우는 경우에도 전기를 이용할 때보다 에너지 전환이 적게 일어납니다.

그렇기 때문에 목적에 맞게 에너지를 사용해야 합니다. 전기는 텔레비전을 켜거나, 세탁기를 돌리고, 전구를 밝히는 데 적합한 에너지입니다. 하지만 공기를 덥히거나 물을 데울 때는 많이 낭비되지요. 미국에서는 상업용 에너지의 80퍼센트가 낭비되는데, 이 가운데 절반이 에너지 전환 때문에 발생합니다.

산업용 에너지를 절약하는 방법

부자 나라에서는 산업용 에너지가 전체 에너지 사용량의 3분의 1 이상을 차지합니다. 이러한 에너지의 대부분은 석유, 천연가스 그리고 전기에서 나옵니다.

또 산업용으로 쓰이는 전기의 64퍼센트 가량이 공장에서 모터를 돌리는 데 사용됩니다. 그러니 모터를 효율적으로 이용하는 것이 중요하겠지요? 이를 위해 모터에 제어 장치와 속도 조절 장치를 설치합니다. 그러면 모터가 작업량에 맞게 돌아간답니다.

일부 산업에서는 발전기에서 나오는 쓰레기를 연료로 사용해 에너지 소비량을 절반으로 줄이기도 합니다. 게다가 단열재를 사용하거나 장비를 잘 유지하는 것과 같은 간단한 조치만으로도 에너지 효율을 20퍼센트나 끌어올릴 수 있어요.

교통을 개선해요

앞에서 우리는 운송에 에너지의 쓰이는 대부분이 자동차, 화물차 그리고 비행기에서 소비된다는 사실을 알아보았습니다. 자동차로 한 사람이 1킬로미터 이동할 때 버스나 기차로 이동하는 것보다 4배 가까이 많은 에너지가 소비됩니다.

오늘날 휘발유나 경유로 가는 자동차는 과거 제품보다 에너지 효율이 높고 오염 물질을 적게 배출합니다. 새로운 소재의 등장으로 자동차는 더 가벼워졌어요. 또 촉매 변환 장치를 도입해 자동차 매연에서 나오는 납, 일산화탄소, 질소의 양도 줄어들었습니다. 하지만 자동차 수가 늘어나는 추세여서 실질적인 에너지 효율은 점점 떨어지고 있어요. 촉매 변환 장치는 시간이 갈수록 효율이 떨어지는 데다가 짧은 거리를 이동할 때는 크게 도움이 되지 않습니다. 더욱이 전 세계 많은 지역에서 여전히 촉매 변환 장치가 없는 오래된 차들이 돌아다니며 매연을 뿜

비행기는 버스나 기차보다 에너지를 11배 이상 더 소비한다. 비행기가 지표면에서 뜨려면 그만큼 많은 에너지가 필요하다.

고 있어 문제가 심각합니다. 자동차의 수가 날로 늘어 청정 기술이 가져다주는 혜택이 무색해지고 있어요.

배터리를 동력원으로 사용하는 자동차를 이용하는 것도 교통 문제를 개선하는 한 방법입니다. 배터리 자동차는 조용하고 깨끗하며 에너지 효율이 높아요. 하지만 충전이 필요합니다. 대개 화석 연료로 생산한 전기로 충전을 해야 하지요. 이 때문에 대형 자동차 회사들은 대부분 배터리 자동차보다는 하이브리드 엔진과 같이 좀 더 발전된 기술에 관심이 많습니다.

또 다른 해법은 대중교통 체계를 개선하는 것입니다. 일례로 스웨덴에서는 '대중교통 통합 시스템'을 도입했어요. 이는 여러 종류의 대중교통을 묶어서 이동을 편리하게 하는 것이지요. 또한 물품을 운송할 때 차량 대신 철도를 이용하면 에너지를 많이 아낄 수 있습니다. 하지만 이렇게 시스템을 바꾼다고 해도 사람들의 습관을 바꾸는 것은 그리 쉽지 않습니다.

자동차 회사들은 배터리 장착 자동차보다는 하이브리드 자동차 생산에 더 관심을 기울이고 있다.

미국 매사추세츠 공과 대학(MIT)의 기숙사 건물인
시몬스 홀은 3천 개의 창문으로 자연 통풍을 해서
에너지 효율이 높다.

가정에서 에너지 절약하기

오늘날 유럽과 미국의 경우, 새로운 사무실이나 주택 대부분이 까다로운 에너지 소비 효율 등급에 맞추어 지어집니다. 이와 달리 오래된 건물 대다수는 에너지가 밖으로 새어 나가 에너지 효율이 떨어집니다. 일반적인 가정에서 새어 나가는 열에너지는 상당해서, 거의 건물 외벽에 커다란 구멍이 난 것과 같은 정도라고 합니다.

하지만 각자가 실천할 수 있는 간단한 조치만으로도 건물의 에너지 손실을 놀라울 정도로 줄일 수 있어요. 2004년 영국에서는 에너지 효율 주간에 캠페인을 벌였습니다. 이 캠페인은 에너지 소비를 줄일 수 있는 간단한 다섯 가지 운동을 제시했지요. 다음 쪽의 '끕시다!'를 보세요.

끕시다!

에너지 사용을 줄일 수 있는 다섯 가지 방법(영국 기준 연간 절감액)

◇ 실내 온도 1도 낮추기(7억3천만 파운드)

◇ 백열전구를 에너지 절약형 전구로 교체하기(가정마다 전구 하나씩 바꿀
   경우, 8천만 파운드)

◇ 텔레비전을 보지 않을 때는 대기 상태로 두지 말고 플러그
   를 뽑아 놓을 것(5천만 파운드)

◇ 비어 있는 방 불 끄기(1억2천만 파운드)

◇ 물 필요한 만큼만 끓이기(5천만 파운드)

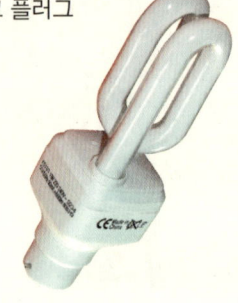

에너지를 효율적으로 사용하는 방법은 의외로 실
천하기 쉽다. 위의 방법만으로 에너지 위기를 극복
할 수는 없지만, 시작은 늘 중요하다.

기름값은 왜 나라마다 다를까요?

기름값은 몇몇 산유국이 통제하고 있습니다. 산유국이 책정한 리터
당 기름값에 이런 저런 비용이 붙어서 우리가 소비하는 기름의 가격이
결정됩니다. 원유값에 기름을 수입해 정제한 후 주유소로 보내는 데 드
는 비용이 추가되고, 세금도 더해지지요. 모든 나라가 기름에 세금을
붙입니다. 유럽과 우리나라의 경우 세금이 상당합니다. 미국과 같이 세
금을 적게 부과하는 나라도 있어요. 영국 정부는 기름값이 비싸면 사람
들이 자동차 사용을 자제하고 대중교통을 더 많이 이용할 것이라고 주
장하며, 기름에 높은 세금을 붙이고 있습니다. 하지만 정부가 유류세로

부터 세금을 많이 걷어 들이는 대신 소득세를 낮춰 자신들의 정치적인 인기를 유지하는 것이라는 비판도 거셉니다. 미국은 자동차를 모는 것을 개인의 자유라고 보기 때문에 유류세가 낮습니다. 이것은 자동차 산업에는 좋은 일이에요. 영국의 기름값은 미국보다 3배나 비쌉니다.

2000년에 영국에서는 고유가 때문에 유럽 내 경쟁력이 떨어지고 있다며 트럭 운전사들과 농부들이 길을 막고 시위를 벌였어요. 이들의 항의에도 불구하고 영국 정부는 휘발유와 경유에 붙는 세금을 낮추지 않았습니다. 그러나 영국의 경우 높은 기름값이 기름 소비를 줄이는 데 별로 도움이 되지 않았습니다.

미래의 에너지는?

7 CHAPTER

오스트레일리아 남서부에 있는 오래된 양떼 목장의 붉은 토양 가운데는 타워가 우뚝 서 있습니다. 이 타워는 어디서나 볼 수 있는 평범한 것이 아닙니다. 높이만 해도 1킬로미터나 됩니다. 세상에 있는 다른 어떤 건물보다 더 높답니다. 에펠탑보다도 세 배나 높지요. 그리고 그 아래에는 타워를 중심으로 반짝거리는 유리와 플라스틱이 무려 7킬로미터나 펼쳐져 있습니다.

사실 이 타워는 실제로 존재하지 않아요. 설계자들과 공학자들의 마음속에만 있답니다. 공해 물질을 내놓지 않으면서 막대한 양의 태양 에너지를 끌어모으도록 설계한 것입니다. 그렇다고 공상으로만 그치는 것은 아닙니다. 언젠가 이 타워가 하늘 높이 치솟도록 세워질지도 모를 일이지요.

스페인 만사나레스에 있는 태양열 굴뚝은 태양 에너지로 전기를 생산한다. 이 시설물은 온실, 높이 솟은 굴뚝 그리고 터빈 세 부분으로 구성되어 있다.

파워 타워

만약 이 타워가 지어진다면 세상에서 가장 큰 태양 발전소가 될 것입니다. 거대한 플라스틱 치마 아래의 공기가 태양열로 데워지면 32개의 터빈이 돌아가고, 1년에 650기가와트시의 전기를 생산할 수 있답니다. 이 정도 에너지면 7만 명의 사람들이 쓸 수 있지요.

이 파워 타워의 설계자는 나중에 이 타워가 태양 에너지는 풍부하지만 다른 에너지원이 없는 가난한 나라에 전기를 공급해 줄 거라고 생각합니다. 반면 이 파워 타워가 주변 경관을 해치고, 건설 비용이 너무 비싸며, 강한 바람에 취약할 거라고 걱정하는 사람들도 있습니다. 어쩌면 이 타워로 인해 그 지역의 기후가 전혀 예상치 못한 방향으로 바뀔 수도 있어요.

이 타워가 실제로 모습을 드러낼 수 있을지는 두고 봐야 하겠지요.

이 타워의 현실화 여부와 상관 없이 현재 우리에게는 효율이 좋고 재생 가능한 에너지원을 찾아내는 것이 시급합니다.

높이 비교

파워 타워 = 1천 미터
부르즈 할리파(세상에서 가장 높은 건물) = 830미터
에펠탑 = 324미터

인공 태양

원자들이 분열할 때 나오는 열에너지로 터빈을 돌려 전기를 생산할 수 있습니다. 하지만 위험한 핵폐기물이 발생하는 문제가 있지요. 반대로 쪼개는 대신 서로 융합시켜 에너지를 얻을 수도 있어요. 태양처럼 말이죠. 원자를 융합하려면 '무거운' 수소(중수소)를 자기장에 가둬 섭씨 1억 도 정도까지 온도를 높여야 합니다. 그러면 수소들이 서로 융합해 열에너지를 내놓고 안전한 원소인 헬륨으로 바뀝니다. 이 과정을 **핵융합**이라고 합니다. 핵융합 반응은 아직까지 실험실에서만 가능하답니다. 핵융합 반응로 건설 계획이 있기는 하지만, 아직 어디에 어떤 기술로 지을 것인지에 대한 합의가 이뤄지지 않았어요. 지구에서 핵융합 반응을 활용한 인공 태양이 만들어지려면 앞으로도 상당한 시간이 걸릴 것입니다.

이 수영장은 수소 연료 전지로 전기가 공급된다.

수소를 향한 또 다른 기대

미래 에너지원이라 할 수 있는 수소를 이용하는 방법은 여러 가지가 있습니다. 그중 하나가 바로 **연료 전지**이지요. 수소는 태우면 연료가 될 수 있습니다. 하지만 이 방법보다는 수소가 갖고 있는 에너지를 전기로 바로 전환하는 편의 효율이 더 높습니다. 연료 전지는 수소 원자로부터 전자들을 뽑아내 전류를 흐르게 합니다. 나중에 이 전자들은 수소, 산소와 결합해 물이 되지요.

연료 전지는 이미 개발되어 전 세계적으로 사용되고 있어요. 일본에는 연료 전지 발전소가 100개 이상 있는데, 그 규모가 50킬로와트부터 11메가와트까지 다양합니다. 아이슬란드를 비롯해 몇몇 나라에서는 연료 전지가 장착된 수소 버스를 운행하지요. 연료 전지는 오염 물질을 배출하지 않습니다. 고작 물을 내놓을 뿐입니다.

하지만 연료 전지가 보급되는 데 몇 가지 어려움이 있습니다. 우선 연료가 되는 수소를 어디에서 얻을 것이냐 하는 문제입니다. 수소를 얻는 한 가지 방법은 화석 연료인 메탄에서 뽑아내는 것입니다. 하지만 이 방법은 오염 물질인 탄소를 배출하지요. 수소를 얻을 수 있는 또 다른 물질은 바로 물입니다! 만약 풍력이나 태양력과 같은 재생 에너지를 이용해 물을 수소와 산소로 분해할 수 있다면 연료 전지는 청정에너지 기술이 될 거예요. 물론 지금도 우리는 어느 한 종류의 재생 에너지를 이용해 다른 재생 에너지를 얻고 있습니다. 앞으로 이러한 방법을 통해

하이브리드로 향하다

연료 전지로 가는 자동차가 상용화되려면 좀 더 기다려야 한다. 연료 전지 자동차를 사용하기 위해서는 휘발유를 넣는 주유소 대신 '수소 충전소'가 필요하기 때문이다. 하지만 에너지 회사들은 연료 전지로 가는 자동차가 상당히 늘어날 것이라는 확신이 없는 한 수소 충전소에 공격적으로 투자하지 않을 것이다. 당분간은 연료 전지 자동차보다 하이브리드 자동차가 대세일 것으로 보인다. 하이브리드 자동차는 일반적인 가솔린 엔진에 전기 모터를 결합한 것이다. 자동차가 달리는 동안 가솔린 엔진이 전기 모터를 충전하여 연료 소비를 줄일 수 있다.

가솔린 엔진   배터리   전기 엔진

값싼 에너지를 풍부하게 공급할 수 있도록 많은 연구와 개발이 이뤄져야 합니다. 새로운 기술들은 우리가 더 이상 화석 연료에 의존하지 않고도 차를 탈 수 있게 해줄 테니까요.

다시 바닷속으로?

2003년 9월, 세계 최초로 바닷속에 설치된 발전소가 전력망과 연결되었습니다. 이 발전소는 노르웨이의 항구 도시 함메르페스트 앞바다에 세워졌는데, 마치 거대한 풍차처럼 생겼답니다. 해저 바닥에 고정된 이 발전소는 밀물과 썰물로 인해 세게 흐르는 바닷물의 흐름(조류)을 이용해 발전하는 조류 발전소입니다. 조류 발전 역시 조력 발전과 마찬가지로 밀물과 썰물(조석 에너지)을 이용하지만, 이 경우 밀물과 썰물로 인해 빨라지는 바닷물의 흐름(조류)을 활용한다는 점이 다릅니다. 빠르게 흐르는 조류로 터빈을 돌려 전기를 생산하는 방식이지요. 게다가 조류

해양 터빈은 물속에 잠긴 풍차와 비슷하다. 다만 풍력이 아니라 바다의 조류에 의해 돌아간다는 차이가 있다. 해양 터빈의 날은 1분에 20번 정도로 천천히 돌아가기 때문에 물고기들에게 해를 입히지 않는다.

우리나라에도 조류 발전소가 있다

전남 진도군과 해남군 사이에 있는 울돌목에는 우리나라 최초의 조류 발전소가 있다. 이곳은 이순신 장군이 빠른 물살을 활용해 배 13척으로 왜선 133척을 무찌른 명량대첩의 현장이다. 바닷물의 빠르기가 최고 초당 6.5미터로 세계 5위 안에 들고, 강폭이 500미터로 넓지만 수심은 20미터 정도로 얕아 조류 발전의 최적지로 꼽힌다. 현재 이 조류 발전소는 인근 430여 가구에 전력을 공급한다.

발전은 조력 발전과 달리 환경에 많은 영향을 미치는 댐을 지을 필요가 없습니다.

현재 함메르페스트에 설치된 조류 발전소는 새로운 조류 발전 기술들을 도입해 조석 에너지를 지속적으로 생산하고 있습니다. 함메르페스트의 경우처럼 조류를 이용한 발전을 활성화하기 위해 유럽 연합에서는 조류 발전에 적합한 해변 106곳을 선정했어요. 그중 42개가 영국의 해안가에 있답니다.

미래에 필요한 에너지를 충당하기 위해서 조석 에너지가 꼭 필요하다는 것은 주지의 사실입니다. 조석 에너지의 성공 여부는 환경에 최소한의 영향을 주는 방법을 개발하는 데 달렸습니다.

파력 발전 역시 잘 이용한다면 우리에게 중요한 에너지원이 될 거예요. 3장에서 이미 알아보았지만, 파력 발전 기술은 밀물과 썰물을 이용하는 것보다 더 까다롭습니다. 그만큼 해결해야 할 과제가 많지요. 파력이 주요 에너지원이 되려면 시간이 좀 더 걸릴 것입니다.

미국, 독일, 일본을 비롯한 여러 나라에서 가정과 사무실에 태양열 온수와 태양광 발전 시설을 널리 보급하기 위한 프로그램을 실시하고 있다.

태양이 빛나는 곳

앞으로 태양 전지는 가격이 저렴해지고 효율이 좋아질 전망입니다. 그래서 태양 에너지는 미래의 주요 에너지원이 될 것입니다. 이론적으로 태양 전지의 효율은 최대 86퍼센트에 이릅니다. 지금까지 개발된 태양 전지 중에는 최대 효율이 40퍼센트를 넘는 것도 있어요. 하지만 현재 판매되는 태양 전지의 효율은 10퍼센트밖에 안됩니다.

2020년 무렵에는 전 세계적으로 10억 이상의 인구가 태양 전지를 이용한 전기의 혜택을 누릴 것으로 예상됩니다. 아시아 남부나 아프리카

옷 입은 빌딩

미래의 건물은 태양 전지에 쓰이는 딱딱한 실리콘 기판 대신 유연하게 외벽을 감싸는 소재를 사용하여 전기를 생산할 것이다. 청바지 천처럼 보이는 이 소재는 두 개의 알루미늄 판 사이에 작은 실리콘 구슬 수천 개가 끼어 있는 구조다. 잘 휘어지기 때문에 건물에 있는 곡선이나 움푹 들어간 부분에 맞춰 구부릴 수 있어 건물을 감싸는 표면적이 넓다. 덕분에 태양빛을 더 많이 흡수할 수 있다.

와 같은 빈곤 지역에서는 태양 에너지가 전체 에너지 수요량의 60퍼센트를 공급할 전망입니다. 2040년이 되면 태양광으로 생산한 전기가 전 세계 전기 수요량의 4분의 1 이상을 충당할 것입니다.

떠오르는 에너지, 풍력

풍력 발전은 가장 좋은 발전 방법 중 하나로 꼽힙니다. 풍력 발전 시설이 점점 개선되어 비용과 소음은 낮아지고 효율은 높아졌기 때문입니다. 오늘날 풍력 발전을 주도하는 곳은 유럽입니다. 전 세계 풍력 에너지의 4분의 3 가까이를 생산하고 있지요. 영국의 경우 1천 개의 풍력 터빈이 국가 전력망과 연결되어 있습니다.

미래에는 해안에서 떨어진 바다에서 생산된 풍력 에너지를 많이 이용할 것입니다. 비용이 많이 들고 철새에게 나쁜 영향을 끼칠 위험이 있지만, 해상 풍력 에너지는 장래성이 밝습니다. 해상에서는 바람이 육상에서보다 더 강하기 때문에, 질 좋은 에너지를 생산할 수 있지요. 그

바람의 도시?

미래에는 옆의 그림처럼 풍력 터빈이 설치된 건물이 등장할지도 모른다. 높이가 200미터에 달하는 이 건물은 독일의 한 건축가에 의해 견본으로 만들어졌다. 건물의 두 기둥 사이에 날의 길이만 30미터에 이르는 풍력 터빈 세 개가 달려 있는 모양이다. 이 경우 풍력 터빈이 단독으로 서 있을 때보다 효율이 2배 정도 높아진다고 한다. 비록 도시에서 풍력이 줄어들긴 해도, 이런 터빈은 건물에 필요한 에너지의 20퍼센트를 공급할 수 있다.

리고 육상에서보다 더 큰 터빈을 세울 수 있는 장점도 있어요. 특히 해안선이 긴 곳은 이런 방식으로 에너지를 얻기에 적합합니다.

세상에서 가장 넓은 해상 풍력 발전 단지는 2002년 덴마크 호른스 레우에 건설되었습니다. 이곳에서는 15만 가구에 댈 수 있는 전기를 생산합니다. 2002년에 발표된 한 보고서에 따르면, 2040년에는 풍력 발전으로 생산된 전기가 세계 전기 수요의 20퍼센트 이상을 충당할 것이라고 합니다.

수력 발전, 무엇이 문제일까요?

우리는 앞서 대규모 댐을 이용하는 수력 발전의 장단점에 대해 알아 보았습니다. 대규모 수력 발전의 잠재력은 매우 큽니다. 전 세계 에너지 수요를 충당할 수 있을 정도지요. 그러나 중국을 제외한 대부분의 나라 에서 수력 발전은 다른 기술에 비해 뒤처져 있습니다. 부자 나라건 가난 한 나라건 동일하게 나타나는 현상이지요. 부자 나라에서는 수력 발전 이 적합한 지역이 얼마 남지 않아 개발을 할 수 없는 상황입니다. 반면 가난한 나라에서는 거대한 댐을 무리해서 지을 여력이 없습니다. 또 투 자를 한다 해도 그만큼 산업이 발전하거나 부가 늘어나지 않습니다. 많 은 돈을 들인다고 해도 돌아오는 게 적은 셈이지요.

앞에서 소규모 댐을 건설하여 대규모 댐의 단점을 극복할 수 있다고

덴마크 호른스 레우에는 수심 6.5미터에서 13.5 미터 사이에 풍력 발전기 80개가 세워져 있다. 이 곳에서는 육상과 동일한 규모의 풍력 발전을 했 을 때 두 배 많은 에너지를 얻을 수 있다.

했던 것을 기억하나요? 하지만 안타깝게도 중국은 대규모 댐에만 투자를 하고 있습니다. 정부와 대형 투자사들은 대규모로 집중된 계획에만 투자하고 싶어 하지요. 소규모 수력 발전소는 50년 이상 사용할 수 있을 정도로 사용 수명이 길다는 장점이 있지만, 투자자들은 이 사실에 관심이 없습니다. 오로지 투자금을 회수하는 데만 신경 쓸 뿐이지요.

태도의 문제일까요?

이 장에서는 새로운 에너지원이 최근에 어떻게 발전하고 있는지 알아보았습니다. 사실 어떤 의미에서 보면 '새로운' 에너지원은 없습니다. 이미 존재하는 에너지원을 더 저렴하고 창의적인 방법으로 활용하는 것일 뿐이지요. 어떤 에너지원이 화석 연료를 대체할 만큼 주도적으로 성장할지는 두고 봐야 합니다. 미래에 우리는 다양한 에너지원 모두를 필요로 할 가능성이 높습니다.

물론 기술에만 의존해서 에너지 문제를 풀려고 해서는 안 됩니다. 에

대규모 댐은 많은 문제를 일으켜 활용 가치가 떨어진다.

우리와 미래 세대들의 태도가 에너지 위기를 해결하는 데 가장 중요한 변수가 될 것이다.

너지를 사용하는 우리의 태도 역시 매우 중요합니다. 이 책을 시작할 때 보았듯이, 우리는 대부분 에너지 소비를 당연한 것으로 생각하고 있습니다. 특히 전기 요금을 직접 내지 않는 여러분은 더욱 그럴 거예요. 이제 우리는 에너지에 대해 다르게 생각해야 합니다. 당장은 문제가 없더라도 사용 가능한 에너지는 점점 줄어들고 있으니까요. 우리는 에너지를 가치 있게 생각하고 현명하게 쓸 줄 알아야 합니다.

이를 위해 개인으로서 우리가, 더 나아가 전 세계가 어떻게 해야 할 것인지를 마지막 장에서 다룰 것입니다.

위기를 피할 수 있을까

8 CHAPTER

2006년에 기름값이 급격히 오르면서 세계적으로 원자력 발전이 새롭게 주목받기 시작했습니다. 현재 프랑스는 전기의 80퍼센트 가까이를 원자력 발전으로 생산하고 있어요. 그동안 영국 등 일부 유럽 국가들에서는 새로운 원자로 건설을 주저했습니다. 그러나 에너지 위기로 인해 원자력 발전을 다시 고려하고 있답니다. 이와 함께 차세대 원자로 건설이 진행되고 있어요.

1997년 세계 각국의 정상들이 일본 교토에 모여, 진통 끝에 온실가스 배출에 대한 합의 사항을 발표했습니다.

1992년 유엔환경개발회의는 지속 가능한 발전 방안을 모색하기 위한 자리였다. 이는 곧 에너지 사용을 제한한다는 의미이다.

지금 우리가 에너지 사용을 절제한다면 미래 세대들이 혜택을 누릴 수 있다.

이 합의문이 바로 교토의정서입니다. 미국, 유럽 연합, 일본 등 38개 부자 나라들이 2012년까지 온실가스 배출량을 1990년을 기준으로 5.2퍼센트 감축한다는 내용을 담고 있어요. 부자 나라들에게 이런 숙제가 주어진 이유는 일찍부터 산업 혁명을 시작하면서 온실가스를 배출해 왔기 때문입니다. 이 나라들의 온실가스 배출량은 전 세계 온실가스 배출량의 절반 이상을 차지합니다. 교토의정서에는 가난한 나라가 청정에너지 기술을 발전시킬 수 있도록 도움을 줄 경우 온실가스 배출량을 '거

래'할 수 있다는 내용이 포함되어 있어요. 즉 부자 나라가 가난한 나라
에 온실가스 감축 시설을 설치해서 온실가스 배출량을 줄여 주면, 줄어
든 양을 해당 부자 나라의 감축분으로 인정해 주는 것이지요.

사실 교토의정서는 온실가스 배출 감축을 위한 첫 번째 합의문이 아
닙니다. 이보다 5년 전인 1992년, 브라질 리우데자네이루에서 열린 지
구정상회의에서 기후변화협약이 체결된 바 있습니다.

교토의정서 발효

당시 일본 교토에는 160개국 이상의 대표가 모였습니다. 그전까지
이렇게 많은 나라가 화석 연료의 소비를 제한하기 위해 자발적으로 모
인 적은 없었습니다. 연료 소비를 제한하는 것은 자국 경제에 위협이
될 수도 있는 중대한 사안이니까요. 하지만 지구 온난화가 빠르게 확산
되는 현실에 세계인들이 점차 문제의식을 품고 한뜻을 모으기 시작했
어요.

그러나 모두가 교토의정서에 동의한 것은 아닙니다. 특히 미국과 러
시아는 온실가스 배출 제한이 지구 온난화를 막는 데 기여한다는 증거
가 불충분하다며 의문을 제기했습니다. 더군다나 두 나라는 이 협약이
국내 경제에 미칠 타격이 너무 크다고 주장했어요. 어느 한 나라라도
이행에 합의하지 않으면 교토의정서는 효력을 발휘할 수 없었지요.

그런데 2004년 10월 상황이 바뀌었습니다. 러시아 경제가 흔들리면
서 탄소 배출량이 급격히 줄어들어 오히려 배출권을 다른 나라에 팔 수
있게 된 것입니다. 그러자 러시아는 교토의정서를 비준했습니다. 미국

은 끝까지 비준을 거부했습니다.

단지 시작일 뿐이에요

2005년 2월, 교토의정서가 발효되었습니다. 합의를 거부한 미국은 제외되었습니다. 온실가스를 감축해야 하는 유럽을 비롯한 37개 부자 나라들은 온실가스 배출량을 줄이려는 노력에 돌입했지요. 일부 국가는 온실가스 배출량을 목표치보다 더 많이 줄이기도 했어요.

그러나 이 모든 것은 단지 시작에 불과합니다. 교토의정서의 목표치를 모두 달성하려면 이산화탄소의 배출량을 아예 과거 수준으로 줄여 나가야 하는데, 그러지 못하고 있어요. 오히려 늘어나고 있지요. 그렇지만 교토의정서는 기후 문제로 지구의 미래에 위태로워진다면 전

대기 중 이산화탄소는 점점 최고치를 경신하고 있다.

세계가 함께 해결해 나갈 수 있으리라는 것을 확인하는 계기가 되었습니다.

교토를 넘어서

일부 전문가들이 주장하는 것처럼 원자력이 심각해지는 이산화탄소 문제를 해결해 줄 수 있을까요? 아니면 많은 사람들이 주장하듯이 원자력은 재생 에너지 기술의 발전을 위해 폐기해야 하는 위험하고 시대에 뒤떨어진 기술일까요?

이런 논쟁이 진행되는 동안에도 대기 중 이산화탄소 농도는 계속 높아지고 있어요. 2009년에는 대기 중 이산화탄소 농도가 387ppm으로 사상 최고치를 기록했습니다. 과학자들은 이 수치가 450ppm을 넘지 않아야 한다고 주장하지만, 현실적으로 가능한 한계선은 550ppm 정도입니다. 하지만 이산화탄소 농도가 550ppm까지 높아지면 지구의 기온이 2~5도 오르고, 해수면이 0.3~0.8미터가량 상승할 것입니다.

게다가 이산화탄소 농도를 이 정도로 제한한다고 해도 지구 온난화를 멈추기는 힘들 것으로 보입니다. 2005년 1월에 발표된 보고서는 충격적인 결과를 내놓았어요. 이산화탄소의 농도가 400ppm을 넘으면, 지구의 기온이 1~1.5도 더 상승할 것이고, 그러면 지구는 위험한 지경에 이른다는 것이지요. 현재의 이산화탄소 배출량 증가 추세에 따르면 10년 안에 우리에게 이런 상황이 닥칠 수도 있습니다.

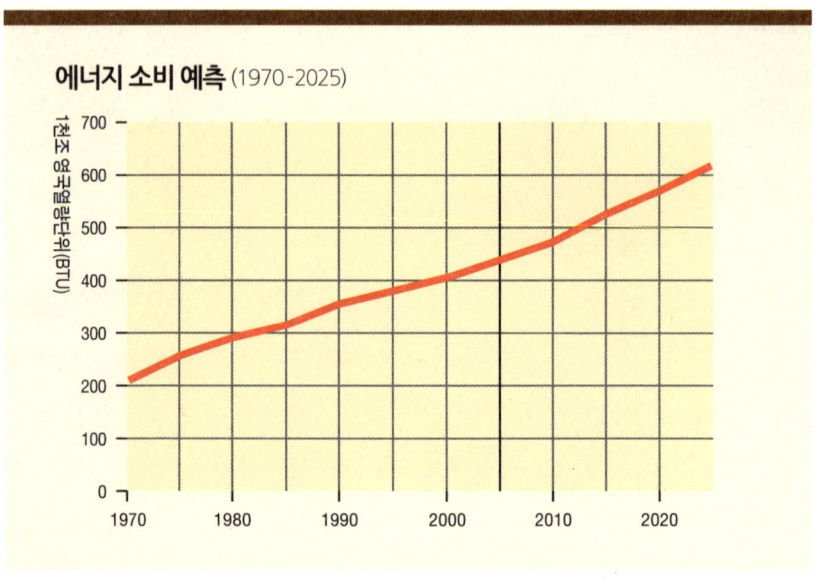

에너지 소비 예측 (1970-2025)

세로축: 1천조 영국열량단위(BTU)

석유 없이 살기

우리는 화석 연료, 특히 석유에 많이 의존합니다. 이것은 세계적으로 공통적인 현상이지요. 전문가들은 앞으로 25년 이상 이런 추세가 지속될 것이라고 예측합니다. 그때쯤이면 석유는 거의 고갈되고, 지구의 기온은 통제가 불가능한 수준까지 오를 것입니다.

물론 이런 일이 앞으로 반드시 일어난다는 것은 아닙니다. 재생 가능 에너지원, 특히 풍력, 태양력, 바이오 연료 그리고 수소 에너지를 통해 모자란 에너지를 채울 수도 있으니까요.

재생 에너지를 잘 활용한다면 그 혜택은 어마어마할 것입니다. 우선 석유 탐사와 시추로 인해 발생하는 막대한 비용과 피해가 없어지고, 정치적으로 불안한 중동 지역에 대한 의존도가 낮아질 거예요. 또 기후

친환경적으로 건물을 지으면 에너지 소비량을 상당히 줄일 수 있다.

변화와 해수면 상승 속도도 줄일 수 있답니다.

가능할까요?

연구에 따르면, 냉난방 시설과 조명의 에너지 효율을 높이는 것만으로도 에너지 소비를 크게 줄일 수 있다고 합니다. 하이브리드 엔진처럼 효율이 높은 자동차를 이용해도 에너지를 절약할 수 있어요. 또한 풍력 발전과 태양 전지를 통해 전기를 직접 얻거나, 자동차에 필요한 수소 연료를 생산하는 것 역시 늘어나는 에너지 사용량을 줄이는 방법이지요. 이런 조치를 취할 경우 2050년 무렵 대기 중 온실가스 농도가 안정화될 것이라고 전문가들은 전망합니다.

지속 가능하고 깨끗한 에너지를 제공하는 기술은 새로운 일자리를 만들고 경제에 활기를 불어넣는 일석이조의 효과를 낳습니다.

이런 일이 산유국들에게 꼭 나쁜 것만은 아니에요. 산유국이 모여 있는 중동 지역은 석유가 많이 날 뿐만 아니라 햇빛도 강합니다. 그렇기 때문에 재생 가능 에너지를 이용할 수 있도록 투자하기에도 적합합니다.

미래의 에너지 전략은?

교토의정서는 출발점이었습니다. 교토의정서에 이어 이제 새로운 사고, 즉 '축소와 수렴'이 등장하였습니다. '축소'는 말 그대로 총 온실가스 배출량을 줄인다는 의미입니다. 현재 세계 각국은 2050년까지 온실가스 배출량을 최소 60퍼센트가량 줄이는 것에 합의했습니다. 그래야

태양력과 같은 재생 에너지원을 활용하면 이산화탄소 배출량을 줄일 수 있다.

탄소값 매기기

2005년 1월 1일, 유럽 연합은 역사상 가장 큰 규모의 환경법을 발효시켰다. 바로 탄소 거래에 관한 법이다. 영국에서는 40퍼센트의 기업에게 그 기업이 배출할 수 있는 탄소량을 할당했다. 할당량를 넘긴 기업은 돈을 지불해야 한다. 이 법은 기업들 간에 탄소 배출권을 거래하는 내용도 포함하고 있다. 즉 탄소를 기준치 이상으로 배출한 기업은 할당량를 맞추기 위해 탄소를 적게 쓴 기업으로부터 배출권을 살 수 있는 것이다. 이를 통해 기업들이 에너지를 절약하도록 장려한다.

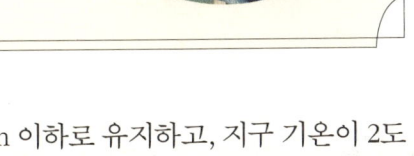

대기 중 이산화탄소 농도를 450ppm 이하로 유지하고, 지구 기온이 2도 이상 상승하는 것을 막을 수 있으니까요.

이 계획은 '수렴'을 통해서 실현될 것입니다. 지금까지는 부자 나라들이 이산화탄소를 가장 많이 배출해 왔어요. 그런데 수렴 정책을 시행되면 각국이 이산화탄소 배출량을 동일한 수준으로 낮추어야 합니다. 부자 나라들은 배출량을 줄여야 하는 반면, 가난한 국가들은 여전히 배출을 늘릴 여지가 남아 있습니다. 2050년까지 전 세계가 이산화탄소 배출량을 동일한 수준으로 맞춰야 합니다. 이를 통해 지구 온난화를 막아 보려는 것이지요.

이제 우리는 어디로 가야 하나요?

이 책을 시작할 때 보았듯이 지구에서 일어나는 문제들은 서로 연관되어 있어요. 그래서 때때로 한 문제를 풀면 다른 문제가 저절로 풀리곤 하지요. 미래의 에너지를 확보하는 문제와 지구 온난화를 방지하는 문제 역시 서로 맞물려 있습니다.

장기적으로 볼 때, 재생 에너지는 앞으로 필요한 에너지 수요를 대부분 채워 줄 것입니다. 점점 고갈되는 화석 연료를 재생 에너지원으로 대체하는 것이지요. 이로써 우리가 지구에 미치는 영향도 줄일 수 있어요. 이런 일이 가능하려면 정부와 사회가 재생 에너지와 에너지 효율에 대해 심각하게 고민해야 합니다.

지구 생명체들의 미래는 우리 손에 달려 있다. 우리가 지금 행동한다면 지구를 있는 그대로 보존할 수 있다.

다행히도 고무적인 징조들이 곳곳에서 나타나고 있어요. 그러나 아직 만족할 정도는 아닙니다. 목표가 잘 이행되지 않는 경우도 여전히 많습니다. 불안한 미래가 현실이 되어서는 안 되겠지요? 우리는 현재 에너지 전략에 대해 심각한 결정을 내려야 합니다. 앞으로 50년 이상을 내다보아야 하는 그런 결정 말이지요.

이 결정을 내리는 데 여러분도 동참하세요. 여러분이 어떻게 생각하는지를 행동으로 보여줄 때입니다. '다른 누군가가 대신 결정해 주겠지' 하고 안일하게 생각해서는 안 됩니다.

한눈에 보는 에너지 역사

50억 년 전	태양이 탄생했다.
160만 년 전	초기 인류인 호모에렉투스가 불을 사용하는 방법을 알아냈다.
기원전 1500년	고대 로마, 일본 등지에서 온천을 이용해 목욕하고, 요리를 했으며 난방을 했다.
기원전 200년	중국인들이 최초로 석탄을 캐기 시작했다.
100년	고대 그리스 철학자이자 정치가, 저술가인 플루타르코스가 '불멸의 불'에 대한 글을 썼다. 이 불멸의 불은 천연가스를 가리키는 것일지도 모른다.
644년	이란에 최초 수직 풍차에 대한 기록이 남아 있다.
1100년	유럽에 풍차가 처음으로 소개되었다.
1300년대	미국 애리조나 주 호피족 인디언들이 그릇을 굽기 위해 석탄을 사용했다. 콜로라도 주 아나사지족 인디언들은 벼랑 위에 가옥을 지어 햇빛으로 집안을 덥혔다.

1740년	상업적 석탄 채굴이 시작되었다.
1965년	제임스 와트가 증기 엔진을 발명했다.
1821년	미국 뉴욕에서 세계 최초의 천연가스정(井)을 뚫었다.
1834년	미국인 발명가 토마스 데이븐포트가 전차를 발명했다.
1839년	영국의 판사이자 발명가인 윌리엄 로버트 그로브가 연료 전지를 처음으로 고안해 냈다(연료 전지란 말은 1889년에 이르러 사용되었다).
1841년	이탈리아 라데렐로에서 지열로 데워진 지하수를 끌어올리는 신기술이 처음으로 상업화되었다.
1859년	미국 펜실베니아에서 세계 최초로 유전 시추가 이루어졌다.
1860년	벨기에 태생 프랑스 발명가 에티엔 르누아르가 최초로 내연 기관을 만들었다.
1880년	미국 테네시 강에 최초의 수력 발전용 댐이 건설되었다.
1885년	독일인 칼 벤츠가 오늘날의 자동차처럼 가솔린으로 가는 자동차를 발명했다.
1887년	미국인 찰스 브러시가 세계 최초로 자동 풍력 발전기를 건설했다.

1891년	미국 인디애나에서부터 시카고까지 최초의 천연가스관이 설치되었다. 관의 길이가 193킬로미터에 달했다.
1893년	프랑스인 아벨 피프르가 태양열 발전기를 제작해 이를 통해 얻은 전기로 출판 장비를 돌렸다.
1898년	퀴리 부인이 방사성 원소인 라듐과 폴로늄을 발견했다.
1903년	라이트 형제가 세계 최초의 동력 비행기를 제작했다. 이 비행기는 120초 동안 120미터를 날아갔다.
1904년	최초의 지열 발전소가 이탈리아 라데렐로에 들어섰다.
1938년	독일의 화학자 오토 한과 프리츠 슈트라스만이 원자를 쪼개는 **핵분열** 실험에 성공하였다.
1944년	미국 워싱턴 주 리치랜드에서 최초의 원자로가 가동되었다.
1945년	미국 뉴멕시코 주에서 최초로 원자 폭탄을 시험했다.
1954년	미국 벨 연구소에서 태양 전지를 개발했다.
1973년	제1차 석유 파동이 일어나 석유값이 치솟았다.
1977년	태양계 탐사선 보이저 2호가 플루토늄의 핵분열로 생산된 전기를 에너지로 이용했다.

1979년	미국 펜실베니아 주 스리마일 섬에 있는 원자력 발전소에서 원자로가 녹아내리는 사고가 터졌다.
1986년	체르노빌 원자력 발전소가 폭발해 방사능 물질이 대규모로 퍼져 나갔다.
1989년	인도에서 지구 온난화와 기후 변화에 대한 국제회의가 처음으로 열렸다.
1992년	브라질 리우데자네이루에서 지구정상회의가 개최되어 이산화탄소 배출 감축에 대한 협약이 만들어졌다.
1997년	2008년부터 2012년까지 이산화탄소 배출량을 1990년을 기준으로 5.2퍼센트 감축하자는 내용의 도교의정서가 체결되었다. 자동차 회사인 다임러와 도요타가 연료 전지로 가는 자동차를 처음으로 출시했다.
1998년	미국 시카고에서 수소 연료 전지로 가는 버스가 운행되었다.
2003년	북아메리카에서 사상 최악의 정전 대란이 발생하면서 에너지 위기에 대한 두려움이 재점화되었다.
2004년	러시아의 비준으로 교토의정서가 발효되었다. 미국은 끝까지 비준을 거부했다. 허리케인이 네 번 연거푸 미국 동부 해안을 강타했다. 기름값이 큰 폭으로 상승했다.

2005년

유럽 연합이 교토의정서의 합의문을 이행하기 위해 각 나라에 탄소 할당치를 배분했다. 탄소를 사고팔 수 있도록 탄소 시장도 열었다.

2006년

미국과 러시아가 G8 정상 회담에서 원자력 에너지를 지원하기로 입을 모았다.

에너지 관련 단체

외국의 에너지 관련 단체

세계 태양 에너지 협회(International Solar Energy Society)

홈페이지 www.ises.org 전자우편 hq@ises.org

1954년에 만들어진 협회로 재생 에너지 관련 단체를 지원하는 일을 맡고 있다. 협회에서는 재생 에너지와 관련된 기술 발전을 장려하고, 교육을 지원해 준다.

영국 과학 교육 협회(Association for Science Education)

홈페이지 www.ase.org.uk 전자우편 info@ase.org.uk

이 협회는 에너지와 에너지 보존에 대한 교육 자료를 제공해 준다. 학교에서 학생들이 에너지 소비에 대해 탐구해 볼 수 있는 학습 자료도 있다.

오스트레일리아 기후 변화와 에너지 효율 관련 부처

(Australian Department of Climate Change and Energy Efficiency)

홈페이지 www.climatechange.gov.au

기후 변화와 관련된 오스트레일리아 정부 부처. 교토의정서를 이행하기 위한 전략을 수립하고 지원하는 일을 한다. 온실가스를 감축하고 기후 변화에 대처하며 국제적인 문제에 대응하는 업무를 맡고 있다.

영국 풍력 에너지 협회(British Wind Energy Association)
홈페이지 www.britishwindenergy.co.uk

영국의 풍력 산업을 대표하며 풍력 에너지 보급을 장려하는 협회. 영국의 풍력 에너지 보급 현황과 풍력 에너지의 장점을 소개한다.

캐나다 재생 에너지 연합(Canadian Renewable Energy Alliance)
홈페이지 www.canrea.ca

재생 에너지에 대한 이해를 높이고 재생 에너지 기술을 발전시키기 위해 조직된 비영리 협회

지구의 벗 홈페이지 www.foei.org
세계적인 환경 단체로 재생 에너지를 지원한다.

한국의 에너지 관련 단체

한국에너지관리공단 홈페이지 www.kemco.or.kr

에너지 이용 합리화 사업을 효율적으로 추진함으로써 이산화탄소 배출을 저감하고 국민 경제의 건전한 발전에 이바지하는 것을 목적으로 설립된 공단. '에너지Fun스쿨'이라는 에너지 관련 홍보 자료를 찾아볼 수 있다.

에너지시민연대 홈페이지 www.enet.or.kr

에너지 절약 운동을 위한 연대 기구. 시민들의 자발적인 에너지 절약 운동을 확산시키고 지속 가능한 에너지 체계를 만들고자 노력한다. 이를 위해 에너지시민연대는 에너지 절약 100만 가구 운동, 대중교통 이용과 자전거 등 무동력 교통수단 확산 운동, 대안적인 에너지 보급을 위한 신재생 에너지 보급 운동 등을 벌이고 있다.

신·재생에너지센터 홈페이지 www.knrec.or.kr 이메일 webmaster@knrec.or.kr

신·재생에너지 이용 및 보급과 산업 육성을 전문적이고 효율적으로 추진하기 위해 성능 평가 및 인증, 그린홈 100만 호 보급, 발전 차액 지원, 공공 의무화 사업, RPS 시범 사업과 같은 보급 사업을 실시한다. 또한 홍보 교육, 국제 협력, 정책 연구 등 여러 분야의 사업을 추진하고 있다.

한국 신·재생에너지 협회 홈페이지 www.knrea.or.kr

신재생 에너지 산업의 발전을 선도하기 위해 2001년에 설립되었다. 우리나라 신재생 에너지 기술 개발을 촉진하고 보급하는 일을 벌이고 있다.

용어설명

메가와트(Megawatt) 전력의 단위로 1백만 와트와 같다.

바이오매스(Biomass) 나무, 짚, 종이 등과 같은 식물을 통해 얻는 에너지. 태울 때 나오는 이산화탄소는 식물이 자라는 동안 대기 중에서 흡수한 이산화탄소의 양과 같다.

복사광 광원에서 나온다는 뜻으로, 빛을 가리킨다.

에너지 소비량(Energy consumption) 개인 또는 나라나 지역이 특정 기간에 사용한 에너지의 총량

에너지 전환(Energy conversion) 열, 빛, 위치 에너지, 전기 에너지 등의 여러 형태 중 하나의 에너지 형태에서 다른 형태의 에너지로 변하는 것. 예를 들어 자동차 엔진에서는 연료의 화학적 에너지가 운동 에너지와 열로 전환된다.

연료 전지(Fuel cells) 수소와 산소를 결합시켜 전기 에너지를 생성하는 장치로 이 과정에서 폐기물은 오직 물뿐이다. 하지만 여기에 쓰이는 수소를 얻을 때 화석 연료가 쓰일 수 있다.

온실가스(Greenhouse gases) 이산화탄소, 메탄과 같은 기체로, 지표면으로부터 방출되는 열에너지를 붙잡는다. 이로 인해 지구의 기온이 상승한다.

재생 에너지(Renewable energy) 계속 사용해도 무한에 가깝도록 다시 공급되는 에너지. 태양열, 수력, 풍력, 조력, 지열과 같이 자연계에 존재하는 에너지이다. 일반적으로 화석 연료와 원자력 발전과 같은 재생 불가능한 에너지보다 오염 물질을 적게 배출한다.

지구 온난화(Global warming) 온실가스가 대기 중에 늘어나면서 지구의 기온이 올라가는 현상. 이로 인해 지구의 기후가 바뀌고 해수면이 상승할 수 있다.

지속 가능한 발전(Sustainable development) 미래 세대의 욕구를 충족시킬 능력을 손상시키지 않으면서 현재 세대의 욕구를 충족시키

는 것으로, 예를 들어 인류의 발전을 지속할 수 있도록 에너지 등을 조화롭게 개발하는 것이다.

지열 에너지(Geothermal energy) 지구 내부에 있는 열을 이용해 얻는 에너지

태양 전지(Solar cells) 태양이 방출하는 에너지를 전기로 바꾸는 장치

터빈(Turbine) 증기, 물, 바람 등이 날개에 부딪침으로써 회전하는 장치. 터빈을 발전기와 연결해서 전기를 생산한다.

화석 연료(Fossil fuels) 오래전에 살았던 동식물이 분해되면서 생성된 연료. 화석 연료에는 석유, 석탄, 천연가스 등이 있는데, 태우면 이산화탄소가 발생한다.

핵분열(Nuclear fission) 우라늄이나 플루토늄과 같은 무거운 원자핵이 쪼개지면서 막대한 에너지를 방출하는 현상. 원자력 발전은 이 열에너지로 물을 데워 얻은 증기로 터빈을 돌려 전기를 생산한다. 핵분열은 원자 폭탄에도 활용되었다.

핵융합(Nuclear fusion) 수소, 중수소, 3중수소 등 가벼운 원자핵들이 초고온에서 융합해 무거운 원자핵이 되면서 막대한 에너지를 방출하는 현상. 태양이 에너지를 뿜어내는 방식이 바로 핵융합이다.

찾아보기

글로벌 시사 교양 시리즈

세상에 대하여 우리가 더 잘 알아야 할 교양

전국사회교사모임 선생님들이 번역한 신개념 아동·청소년 인문교양서!

세더잘 시리즈 07
세상에 대하여 우리가 더 잘 알아야 할 교양

에너지 위기 어디까지 왔나?

이완 맥레쉬 글 | 박미용 옮김

지구 온난화, 전쟁과 테러, 허리케인…
이 모든 것은 에너지 위기에서 비롯되었다.

우리는 에너지 없는 세상에서 하루도 살 수 없다. 하지만 현재 속도로 에너지를 소비한다면 앞으로 40년 이내에 주에너지원인 석유가 고갈될 것이다. 이 책은 에너지 위기가 불러올 정치, 사회, 경제, 환경의 변화를 알아보고, 무엇이 화석연료를 대신할 차세대 에너지원이 될지 꼼꼼히 따져본다.

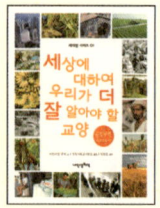

세더잘 시리즈 01
세상에 대하여 우리가 더 잘 알아야 할 교양

공정무역, 왜 필요할까?

아드리안 쿠퍼 글 | 전국사회교사모임 옮김
박창순 한국공정무역연합 대표 감수

공정 무역 = 페어플레이.
초콜릿과 축구공으로 보는 세계 경제의 진실

한국에서 처음 출간된 어린이와 청소년을 위한 공정무역 안내서로, 공정무역을 포함한 무역과 시장 경제를 올바르게 이해하도록 돕습니다. 오늘날 기업은 생존과 발전을 위해서 사회적 책임을 다해야 하고, 따라서 공정무역에 관심을 가질 수밖에 없습니다. 우리 아이들이 미래의 리더가 되기 위해 꼭 알아야 할 공정무역에 관한 책입니다.

전국사회교사모임 추천도서
2010 문화체육관광부 우수교양도서 선정
2011 아침독서 추천도서

세더잘 시리즈 02
세상에 대하여 우리가 더 잘 알아야 할 교양

테러, 왜 일어날까?

헬렌 도노호 글 | 전국사회교사모임 옮김
구춘권 영남대 정치외교학과 교수 감수

평화로운 세상을 위해
더 잘 알아야 하는 불편한 진실-테러

이 책은 '테러'에 대해 어떤 특정 사건과 집단 대신 '테러'라는 하나의 축으로 세계 갈등의 역사를 조망합니다. 나아가 평화로운 세상을 만들기 위해서 '테러'에 대해 잘 알아야 한다고 역설합니다.

전국사회교사모임 추천도서
2010 문화체육관광부 우수교양도서 선정
2011 4월 대교눈높이창의독서 선정

세더잘 시리즈 03
세상에 대하여 우리가 더 잘 알아야 할 교양

중국, 초강대국이 될까?

안토니 메이슨 글 | 전국사회교사모임 옮김
백승도 연세대 중어중문학 박사 감수

세계 초강대국으로 떠오르고 있는
중국 바로 알기

우리나라는 정치·경제적으로 중국과 더욱 긴밀한 관계를 맺고 있습니다. 가까운 미래에 중국의 영향력은 더 커질 것이기에 중국을 제대로 이해해야 합니다. 이 책은 객관적 시선으로 중국을 편견 없이 바라보도록 돕습니다.

전국사회교사모임 추천도서
2011 학교도서관저널 어린이 인문 추천도서

세상에 대하여 우리가 더잘 알아야 할 교양

우리 아이들에게 편견에 둘러싸인 세계 흐름에서 벗어나 보다 더 적확한 정보와 지식을 제공하고자 〈세더잘 시리즈〉를 기획 출간합니다. 모두가 'A는 B'라 믿는 사실이, 자세히 살펴보면 'A는 B만이 아니라, C나 D일 수도 있다.'는 것을 알려주어, 아이들이 또 다른 진실을 발견하도록 안내합니다.
이 시리즈는 앞으로도 인간 대 자연, 유전 공학, 군사 개입, 성형 수술, 동물 실험 등에 관한 주제로 25권까지 출간될 예정입니다.

세더잘 시리즈 08
세상에 대하여 우리가 더 잘 알아야 할 교양

미디어의 힘 견제해야 할까?

데이비드 애보트 글 | 이윤진 옮김 | 안광복 추천

미디어는 규제받아야 한다 vs
미디어는 자유로워야 한다

오늘날 제4의 권력이라고 불릴 정도로 강력해진 미디어의 힘에 대해 알아봅니다. 미디어를 지탱하는 언론 자유와 그 힘을 통제하려는 정부의 규제 사이에 벌어지는 논쟁에 대한 다양한 관점을 제시하고, 미래의 미디어가 나아가야 할 방향에 대해서 생각해보도록 돕습니다.

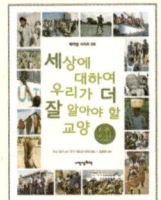

세더잘 시리즈 04
세상에 대하여 우리가 더 잘 알아야 할 교양
이주, 왜 고국을 떠날까?
루스 윌슨 글 | 전국사회교사모임 옮김
설동훈 전북대 사회학교 교수 감수

지구촌 다문화 시대의
국제 이주 바로 알기

오늘날 국제 사회와 다문화, 다민족 사회를 이해하기 위해 꼭 알아야 할 '이주'에 관한 책. 왜 사람들은 이주를 선택하거나 강요받는지에 대한 다양한 관점을 제시하고, 또 이에 대한 정부의 정책과 국제기구의 활동도 알려 줍니다.

전국사회교사모임 추천도서
2011 학교도서관저널 추천도서

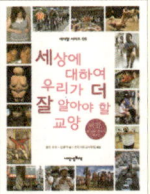

세더잘 시리즈 05
세상에 대하여 우리가 더 잘 알아야 할 교양
비만, 왜 사회문제가 될까?
콜린 힌슨, 김종덕 글
전국사회교사모임 옮김

왜 지구 한쪽에서는 굶어 죽는데,
다른 한쪽에서는 비만으로 죽는 걸까?

이 책은 이러한 역설에서 출발합니다. 오늘 '비만'이 왜 사회 문제가 되었는지 역사적, 문화적 관점에서 살피고 선진국과 개발도상국에서 나타나는 비만 문제의 양상과 그 속에 숨은 식품산업의 어두운 그림자, 나아가 전 세계적 차원의 식량 문제로까지 사고의 범위를 넓혀줍니다.

2011 보건복지부 우수건강도서 선정
2011 한국간행물윤리위원회 청소년 권장도서

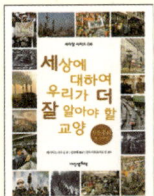

세더잘 시리즈 06
세상에 대하여 우리가 더 잘 알아야 할 교양
자본주의, 왜 변할까?
데이비드 다우닝 글 | 김영배 옮김
전국사회교사모임 감수

인류를 위한 가장
바람직한 자본주의의 변화상은 무엇인가

자본주의의 역사와 발전상에 대해 알아보면서 자본주의라는 경제 체제가 인류를 위해 어떻게 복무했는지, 문제가 발생하면 그때마다 인류에게 봉사하기 위해 어떤 모습으로 변신했는지에 대해 알아봅니다. 이를 통해 논쟁이 끊이지 않는 21세기의 자본주의가 어떻게 변해야 할지에 대해 생각해보도록 합니다.

2011 서울시교육청 추천도서